Le médiateur public indépendant dans le règlement des litiges administratifs au Cameroun

Par

KALTOUMA YEDI

Docteur/Ph.D en Droit public

Université de Douala / Cameroun

Et

NTSAMA FRANCIS MARIUS

Doctorant en droit public

Université de douala / Cameroun

Éditeur: Upway Books
Auteurs: Dr KALTOUMA YEDI,
NTSAMA Francis Marius
Titre: Le médiateur public indépendant dans le règlement des litiges administratifs au Cameroun
ISBN: 978-1-917916-26-4
Couverture réalisée sur: www.canva.com

contact@upwaybooks.com
www.upwaybooks.com

TABLES DES MATIERES

INTRODUCTION

L'émergence de la démocratie administrative au moyen de la protection des citoyens face à l'administration publique justifie l'institution dans bon nombre d'États modernes des autorités indépendantes chargées de régler, par voie non juridictionnelle, les litiges nés de l'action administrative[1]. Au Cameroun, cette émergence participe de la création d'une institution nouvelle et particulière en faveur des Régions à statut spécial[2], le *Public independant concialiator* à la faveur de la loi n°2019/024 du 24 décembre 2019 portant code général des collectivités territoriales décentralisées (ci-après CGCTD), adoptée et promulguée à la suite du Grand Dialogue national (ci-après GDN) et organisé dans le but de trouver des solutions à la crise politique et socio-sécuritaire survenue dans les régions du Nord-ouest et du Sud-ouest du Cameroun[3]. En France par contre, bien que les procédés ayant pour objet la résolution des litiges en marge des voies de recours traditionnels soient portés par un courant de faveur dès l'époque de VOLTAIRE[4], ce n'est que depuis les années 1970 qu'ils font l'objet d'un véritable engouement. Le regain d'intérêt pour ces mécanismes s'est manifesté par la création en droit privé comme en droit public de nombreuses procédures de conciliation et de médiation : c'est

---

[1] FERMOSE (J.), « Le *Public Independent Conciliator* en Droit Camerounais », *Revue Camerounaise d'Administration Publique*, 2023, p. 1.

[2] Article 327 à 368 de la loi n°2019/024 du 24 décembre 2019 portant code général des collectivités territoriales décentralisées. Voir à ce sujet, GUIMDO DONGMO (B. R.), « La région en droit public camerounais : quel janus juridique ? », *Juridis Périodique*, n°129, janvier-février-mars, 2022, pp. 90-99; R. NGANDO SANDJE, « Le statut *des régions anglophones du Cameroun : chronique d'une exigence de l'Assemblée Générale des Nations Unies », Civitas,Europa,* numéro 44, 2021 pp. 181-205.

[3] Notamment dans son adresse spéciale du 10 septembre 2019 à la Nation camerounaise. Voir le quotidien *Cameroon Tribune*, n° 11925/81-24, 11 septembre 2019, pp. 2-3. Le Grand Dialogue national (GDN) s'est tenu du 30 septembre au 4 octobre 2019. Sur les huit (08) commissions mises en place par le président de la République, la « Commission décentralisation et développement local » a été celle qui a enregistré d'interminables débats entre les partisans de la décentralisation et ceux du retour au fédéralisme. La synthèse des travaux de cette commission se résume comme suit : « Accorder aux régions du Nord-ouest et du Sud-ouest un statut spécial conformément à l'article 62 alinéa 2 de la Constitution qui dispose [sic] que la loi peut prendre en considération les spécificités de certaines régions en ce qui concerne leur organisation et leur fonctionnement. De même, il a été proposé d'améliorer la relation entre les administrations et les usagers des services publics dans lesdites régions». Historiquement, le Cameroun a été un État fédéral à la faveur de la Constitution du 1er septembre 1961 jusqu'en 1972. Le referendum organisé le 20 mai 1972 en vue de l'adoption d'une nouvelle constitution va donner naissance à la République Unie du Cameroun. Voir E. Ch. LEKENE DONFACK, « Le renouveau de la question fédérale au Cameroun », *Penant*, n° 826, 1998, pp. 30- 61.

[4] VOLTAIRE, *Dictionnaire philosophique*, V° *Extrême in Œuvres complètes de Voltaire*, t.6, A. Ozanne, 1838, p. 467.

effectivement à cette période qu'ont vu le jour les conciliateurs de justice[5] et le Médiateur de la République[6].

Cependant depuis les années 1960, les pouvoirs publics cherchent en effet à rendre l'action de l'administration plus légitime et acceptable aux yeux des administrés en renforçant la démocratie administrative[7]. Cette dernière a trouvé une consécration « *dans les lois qui, à la fin des années 1970, [ont ouvert] aux administrés une série de droits nouveaux à l'accès aux documents administratifs, à la motivation et à la transparence administrative* »[8]. Cet effort de démocratisation poursuivi avec l'adoption de la loi du 12 avril 2000[9] « *significativement consacrée aux "droits des citoyens dans leurs relations avec l'administration"* »[10] s'est accompagné d'une transformation du rôle de l'administré : « *le citoyen se sent de moins en moins assujetti de l'administration. Plus conscient de ses droits, il porte un regard désormais critique sur les prérogatives de la puissance publique. En outre, il attend que l'administration accomplisse ses missions le plus efficacement possible et fournisse le meilleur service au moindre coût* »[11].

Cette évolution de la société et du profil des administrés a rendu indispensable la recherche de procédures de règlement des litiges administratifs plus souples, rapides et consensuelles : pour rendre l'intervention de la puissance publique dans la vie des administrés plus acceptable, la mise en place de véritables « *bureaux des plaintes* »[12] semblait nécessaire. Les modes non juridictionnels de règlement des litiges, qui permettent d'éviter l'affrontement contentieux, répondent parfaitement à cette attente[13]. En privilégiant le dialogue et en favorisant l'émergence d'une solution acceptée par les parties, ils s'insèrent naturellement dans le mouvement de démocratisation de l'administration.[14]

---

[5] Décret n° 78-381 du 20 mars 1978 *relatif aux conciliateurs de justice*, JORF, 23 mars 1978.

[6] Loi n° 73-6 du 3 janvier 1973 *instituant un médiateur*, JORF, 4 janvier 1973, p. 164.

[7] CHEVALLIER (J.), « De l'administration démocratique à la démocratie administrative », *Revue française d'administration publique*, 2011/1-2, pp. 217-227.

[8] DUMONT (G.), *La citoyenneté administrative*, Paris II, 2002, p. 9.

[9] Loi n° 2000-321 du 12 avril 2000 *relative aux droits des citoyens dans leurs relations avec les administrations*, JORF, 13 avril 2000, p. 5646.

[10] DUMONT (G.), *op. cit.*, note 6, p. 6.

[11] Rapport n° 1613 de Mme Claudine LEDOUX, fait au nom de la commission des lois constitutionnelles, de la législation et de l'administration générale de la République, sur le projet de loi relatif aux droits des citoyens dans leurs relations avec les administrations, enregistré à la Présidence de l'Assemblée nationale le 19 mai 1999.

[12] LYON-CAEN (A.), « Les modes alternatifs de règlement des litiges en droit administratif », *RIDC*, 1997, p. 422.

[13] VRIGNAUD (M.), *Les modes non juridictionnels de règlement des litiges administratifs*, Thèse de Doctorat, Université de Nantes, 2016, p. 4.

[14] *Ibidem*, p. 4.

Le législateur camerounais à son tour va donc instituer à la faveur de la loi n°2019/24 le *Public independent conciliator,* une particularité dans le sillage du droit administratif camerounais en quête d'originalité[15]. La création du *Public independent conciliator* est une des réponses apportées aux revendications des camerounais anglophones des régions du Nord-ouest et du Sud-ouest en crise en vue d'améliorer les relations entre l'administration et les citoyens locaux.[16] Dès lors, la question centrale sous-jacente est la suivante : quel est l'apport du *Public independent conciliator* dans le règlement non juridictionnel des litiges en droit administratif camerounais ? Cette interrogation permet de cerner les procédés de règlement des litiges administratifs locaux à la disposition de cette autorité indépendante dans le droit administratif camerounais.

Modes non juridictionnels de résolution des litiges, mais aussi modes alternatifs de règlement des litiges ou modes non juridictionnels de règlement des litiges, de nombreuses appellations permettent aujourd'hui de désigner les procédés permettant de résoudre les conflits autrement que par le biais des voies de recours traditionnelles, et toutes n'ont pas le même contenu[17]. Sous ce rapport, la présente réflexion recèle un double intérêt : d'abord heuristique, parce qu'elle permet de cerner toutes les techniques de règlement des différends dont dispose le *Public independant conciliator* et d'apprécier son apport dans le droit administratif camerounais. Ensuite, un intérêt pratique dans la mesure où l'étude met en évidence les procédures suivies devant cette institution dans le cadre de la résolution non juridictionnelle des litiges opposant les administrations régionales et communales aux administrés des régions du Nord-ouest et du Sud-ouest du Cameroun. Dans une approche juridique basée sur l'exégèse et la méthode comparative et en réponse à la question centrale sus-formulée, nous notons la revalorisation des procédés classiques de règlement non juridictionnel des litiges (**Première partie**). Mais aussi la modernisation du système de règlement non juridictionnel des litiges (**Deuxième partie**).

---

[15] FOUMENA (G. Th.), « Le droit administratif camerounais ''postcolonial'' en rupture avec le modèle français inspirateur », *Les Annales de Droit*, n°14, 2020, pp. 75 et s.

[16] FERMOSE (J.), « Le *Public Independent Conciliator* en Droit Camerounais », *op. cit.*, p. 6.

[17] MAQUET (J.), « les modes non juridictionnels de règlement des conflits », in « *Faire justice » dans le diocèse de Liège au Moyen âge (VIIIe –XIIe siècle) : Essai de droit judiciaire reconstitué, Presses universitaires de Liège*, 2008, pp. 525-542.

PREMIERE PARTIE :

LA REVALORISATION DES PROCEDES CLASSIQUES DE REGLEMENT NON JURIDICTIONNEL DES LITIGES

À l'exemple d'autres Médiateurs européens[18] et africains[19], la mission générale du *Public independent conciliator* est de veiller au bon fonctionnement des administrations régionales et communales dans les régions du Nord-ouest et du Sud-ouest. À ce titre, le *Public independent conciliator* exerce une mission générale de contrôle sur les relations entre les usagers et les administrations régionales et communales. Au regard des textes et contrairement à d'autres Médiateurs qui ont une compétence nationale[20], le *Public independent conciliator* exerce une mission de contrôle sur l'administration régionale et communale au sens large. En effet, il est chargé, dans sa région de compétence : « *d'examiner et de régler à l'amiable les litiges opposant les usagers à l'administration régionale et communale ; de défendre et de protéger les droits et libertés dans le cadre des relations entre les citoyens et la région ou les communes de la région* [...]»[21]. En tant que contrôleur et défenseur des droits des usagers dans le cadre de leurs relations avec les administrations régionales et communales, le *Public independent conciliator* propose des solutions à l'amiable aux litiges nés de cette relation entre administration-administré sur la base du droit ou de l'équité. Dans ce sens, dans l'accomplissement de ses missions, le PIC favorise la revalorisation des procédés classiques de règlement non juridictionnel des litiges, notamment à travers la consolidation du recours administratif comme mode privilégié de règlement des litiges administratifs (**I**). Mais aussi le développement ou la promotion des modes alternatifs de règlement des litiges à l'amiable notamment la conciliation et la médiation (**II**).

---

[18] GUILLAUME-HOFNUNG, *La médiation*, *op.cit.*, p. 12.

[19] BOUMAKANI (B.), « Les médiateurs de la République en Afrique noire francophone. Sénégal, Gabon, Burkina Faso », *op.cit.*, p. 313.

[20] Voir l'article 22 de la loi n°17/008 du 15 février 2017 précitée (République Centrafricaine) et l'article 3 de la loi n°9-98 du 31 octobre 1998 (République du Congo).

[21] Articles 367 du CGCTD et 4 du décret n°2020/773.

I- LA CONSOLIDATION DU RECOURS ADMINISTRATIF COMME PRELABLE A L'INTERVENTION DU PIC

Le recours administratif peut, au même titre que la médiation et la conciliation, être considéré comme un mode non juridictionnel de règlement des litiges car il offre aux justiciables la possibilité « *d'obtenir satisfaction de manière simple et rapide sans se heurter aux pesanteurs et aux lenteurs de la procédure juridictionnelle* »[22]. Il constitue donc, tel un mécanisme de règlement amiable, « *un instrument irremplaçable du dialogue entre l'administration et les administrés* », permettant « *d'atténuer le choc contentieux en évitant que le conflit [...] n'aille s'envenimer devant le juge* » et incarnant ainsi un véritable remède à la crise de notre système juridique[23].

Ces convictions sont partagées par les pouvoirs publics qui ont vu dans le recours administratif un moyen de prévenir les litiges en portant « *une attention plus grande à l'égard des citoyens, de leurs aspirations et de leurs doléances* »[24]. Pour cette raison, le recours administratif a fait l'objet d'une attention particulière de la part du Conseil d'État français qui lui a consacré plusieurs de ses rapports[25]. La section du rapport et des études affirmait ainsi en 2008 que les recours administratifs préalables obligatoires[26] « *constituent l'un des principaux modes alternatifs de règlement des litiges, en ce qu'ils permettent aux usagers d'obtenir la réformation des décisions les concernant, avec des chances raisonnables de succès, et sont de nature à éviter une procédure juridictionnelle* »[27]. C'est d'ailleurs ce que consacre le législateur camerounais lorsqu'il précise que tout demandeur doit avoir au

---

[22] BRISSON (J.-F.), *Les recours administratifs en droit public français*, LGDJ, coll. Bibliothèque de droit public, 1996, note 167, p. 2.

[23] VRIGNAUD (M.), *Les modes non juridictionnels de règlement des litiges administratifs*, *op. cit.*, p. 125.

[24] Circulaire du 9 février 1995 *relative au traitement des réclamations adressées à l'administration*, JORF, 15 février 1995, n° 39, p. 2522.

[25] CONSEIL D'ÉTAT, *Études et propositions relatives à la prévention du contentieux administratif*, La documentation française, coll. E.D.C.E., 1987-1988 ; *Les recours administratifs préalables obligatoires*, La documentation française, coll. E.D.C.E., 2008.

[26] Le recours administratif préalable obligatoire est, selon l'article L. 410-1 du Code des relations entre le public et l'administration, un « *recours administratif auquel est subordonné l'exercice d'un recours contentieux à l'encontre d'une décision administrative* ».

[27] CONSEIL D'ÉTAT, *op. cit.*, note 51, p. 11.

préalable introduit un recours auprès de l'organisme avec lequel il se trouve en conflit avant de saisir le PIC[28].

Suite à l'abandon de la théorie du ministre-juge en France, le juge administratif a distingué le recours pour excès de pouvoir, de nature contentieuse, et le recours hiérarchique, purement administratif, qui est resté une faculté pour l'administré[29]. Depuis, sa pratique a donné lieu à une abondante jurisprudence, ce qui a permis à ses observateurs d'établir une identification du recours administratif (**A**). En effet, tout comme la médiation et la conciliation, le recours administratif a été frappé par un phénomène de multiplication conduisant à un éclatement de la notion (**B**). Sous une même appellation, sont en réalité désignées différentes catégories de recours administratifs très disparates.

A- L'indentification du recours administratif

Selon Jean-Marie AUBY, l'existence d'un recours administratif est révélée grâce à la réunion d'éléments matériels (**1**), organiques et formels (**2**). En France sa définition a inspiré les rédacteurs du Code des relations entre le public et l'administration qui ont défini ce procédé comme une « *réclamation adressée à l'administration en vue de régler un différend né d'une décision administrative* »[30].

1- Les critères organiques

Il ressort de l'article précité et de la doctrine qui en a inspiré la rédaction que le recours administratif suppose en premier lieu l'existence d'un litige, c'est-à-dire d'une « *opposition de prétentions* » entre l'administration et un administré[31]. Jean MICHEL le définit ainsi comme une « *réclamation adressée à l'administration en vue de rechercher le règlement amiable d'un différend opposant un administré à*

---

[28] V. Article 11 alinéa 3 du Décret 2020/773 du 24 décembre 2020 déterminant les modalités d'exercice des fonctions de *Public Independent Conciliator* auprès des Régions du Nord-Ouest et du Sud-Ouest.

[29] CE, 1er juin 1906, Jacquemont, *Rec.*, p. 505.

[30] CRPA, art. L. 410-1.

[31] AUBY (J.-M.), « Les recours administratifs – la notion de recours administratif », *AJDA*, 1955, p. 117.

l'administration à la suite d'une décision prise par cette dernière »[32]. Cette réclamation doit ainsi permettre « *d'obtenir la solution de difficultés ou la résolution de problèmes de droit ou de fait que cette décision fait naître et dont l'administration détient la clé : il doit déboucher sur une décision qu'on demande à l'administration de prendre*»[33].

En second lieu, ce différend doit concerner un acte juridique de l'administration : il peut s'agir d'un acte administratif unilatéral décisoire, mais également d'une décision ne faisant pas grief telle qu'une mesure d'ordre intérieur, une ligne directrice[34], une circulaire, un acte préparatoire ou un acte de gouvernement.

Cette conception de l'acte administratif est effectivement celle retenue par le Code des relations entre le public et l'administration dont article L. 200-1 affirme que cette notion englobe à la fois « *les actes administratifs unilatéraux décisoires et non décisoires* ». Ce même article précise par ailleurs que « *les actes administratifs unilatéraux décisoires comprennent les actes réglementaires, les actes individuels et les autres actes décisoires non réglementaires. Ils peuvent être également désignés sous le terme de décisions, ou selon le cas, sous les expressions de décisions réglementaires, de décisions individuelles et de décisions ni réglementaires ni individuelles* ».

Peut ainsi faire l'objet d'un recours administratif toute « *mesure émanant de l'administration, quelle que soit sa portée juridique* »[35] résultant d'une manifestation unilatérale de volonté[36].

Sur ce point, le recours administratif s'oppose donc à la demande préalable puisque « *le véritable recours suppose une décision préexistante de l'administration* »[37]. De même, une nouvelle réclamation intervenant à la suite d'une demande initiale ne sera pas qualifiée systématiquement de recours administratif. En effet, comme le

---

[32] MICHEL (J.), *Les recours administratifs gracieux, hiérarchiques et de tutelle*, La documentation française, 1996, p. 19.

[33] MAILLARD DESGRÉES DU LOÛ (D.), *Droit des relations de l'administration avec ses usagers*, PUF, coll. Thémis Droit public, 2000, p. 493.

[34] Nouvelle appellation des directives au sens de la jurisprudence CE, 11 décembre 1970, Crédit Foncier de France, Rec., p. 750, depuis l'arrêt CE, 19 septembre 2014, Jousselin, req. n° 364385. V. PASTOR (J.-M.), « Adieu directives administratives, bonjour lignes directrices, *AJDA*, 2014, p. 1798.

[35] DELVOLVÉ (P.), « La définition des actes administratifs », *RFDA*, 2016, p. 35.

[36] Ce qui n'est pas le cas des contrats administratifs qui ne peuvent donc faire l'objet d'une telle procédure.

[37] MAILLARD DESGRÉES DU LOÛ (D.), *Droit des relations de l'administration avec ses usagers, op. cit.* p. 199.

souligne Didier TRUCHET, «*il y a nouvelle demande lorsqu'une personne réitère une demande identique à une première demande précédemment rejetée par l'administration. Elle se distingue du recours administratif en ce qu'elle n'est pas dirigée contre le rejet de la première demande, mais renouvelle celle-ci* »[38]. Il revient donc à l'administration de vérifier qu'elle se trouve bien en présence d'une requête de nature litigieuse.

Dans le cadre d'un recours administratif, cette contestation vient mettre en jeu la légalité, l'équité ou l'opportunité de cette décision administrative et donc par conséquent, la requête doit tendre clairement à la modification ou à la disparition de l'acte contesté[39], c'est-à-dire à son retrait ou son abrogation. Ainsi, ne peuvent être considérées comme des recours administratifs une demande d'éclaircissements sur une position générale de l'administration ou bien sur les motifs d'une décision, ou encore l'intervention d'un maire en faveur de l'un de ses administrés[40]. L'identification du recours administratif dépend donc pour partie de l'interprétation de l'administration et éventuellement de celle du PIC saisi du litige ultérieurement, qui doivent identifier l'intention litigieuse de l'administré en fonction de la rédaction de la demande et de son objet.

Néanmoins, pour être qualifiée de recours administratif, celle-ci doit également répondre à des critères organiques et formels.

2- *Les critères matériels*

Les auteurs ayant étudié la question affirment que le recours administratif doit être adressé à une autorité administrative, c'est-à-dire « *à un administrateur actif statuant en tant que tel* »[41], et s'oppose ainsi au recours contentieux porté devant une juridiction. Didier TRUCHET a précisé que ce critère devait être entendu dans un sens large, comme « *tout organe disposant du pouvoir de prendre des décisions*

---

[38] TRUCHET (D.), « Fusionner les juridictions administrative et judiciaire ? », *in Etudes offertes à Jean-Marie Auby*, Dalloz, Paris, 1992, p. 94.

[39] CE, 21 mai 1986, Syndicat national des pharmaciens des hôpitaux des centres universitaires, Rec., p. 146 ; *AJDA*, 1986, p. 603.

[40] V. CE, 3 décembre 1975, Commune de Saint-Paul, req. n° 90394. CE, Ass., 14 avril 1995, Koen, *Rec.*, p. 169, chron. STAHL (J.-H.) et CHAUVAUX (D.), *AJDA*, 1995, p. 501 ; note NGUYEN (V. T.), *JCP*, 1995, n° 21, 22437 ; note HAGUENAU (C.), *RDP*, 1997, n° 3, p. 867, note DE POULPIQUET (V.), *RDP*, 1997, n° 6, p. 1783. CE, 13 septembre 1995, Ministre de l'Intérieur contre Salem, req. n° 158608.

[41] AUBY (J.-M.), « Les recours administratifs – la notion de recours administratif », *op. cit.*, note 197.

administratives »[42] : il peut donc s'agir tant d'une administration publique que d'une personne privée investie de prérogatives de puissance publique ou chargée d'une mission de service public.

L'article L. 410-1 du Code des relations entre le public et l'administration qui définit le recours administratif comme une réclamation adressée à l'administration n'a malheureusement pas repris cette définition, ni même indiqué le sens de ce dernier terme. Il conviendrait par conséquent d'interpréter cette disposition à l'aune de l'article L. 100-3 qui dispose qu'au sens de ce code, et sauf disposition contraire de celui-ci, sont désignées par le terme d'administration « *les administrations de l'État, les collectivités territoriales, leurs établissements publics administratifs et les organismes et personnes de droit public et de droit privé chargés d'une mission de service public administratif, y compris les organismes de sécurité sociale* ». Les organismes et personnes chargés d'une mission de service public industriel et commercial, qui ne sont pas mentionnés ici, ne pourraient donc être considérés comme des administrations et, partant, se voir adresser des recours administratifs. Une telle exclusion n'aurait cependant pas de sens car il a été admis que même une personne privée chargée d'un service public industriel et commercial pouvait, dans certaines conditions, adopter des actes administratifs unilatéraux[43]. La lecture du décret n°2020/773 du 24 décembre 2020 déterminant les modalités d'exercice des fonctions de *Public Independent Conciliator* auprès des Régions du Nord-Ouest et du Sud-Ouest, montre que le législateur camerounais parle des administrations régionales et communales mais aussi de services régionaux et communaux (régions, communes, établissements publics régionaux ou communaux, groupement de communes)[44] car ce n'est tant pas la nature de l'autorité saisie de la demande que sa capacité à y répondre par un nouvel acte administratif qui conditionne la qualification de recours administratif.

L'existence d'un recours administratif implique par ailleurs que l'autorité saisie de cette réclamation se prononce en édictant un nouvel acte administratif « *qui n'est pas soumis aux règles de fond et de forme des actes juridictionnels* »[45]. Partant, lorsque l'organe saisi dispose à la fois de compétences administratives et juridictionnelles, l'identification du recours administratif peut s'avérer délicate :

---

[42] TRUCHET (D.), « Fusionner les juridictions administrative et judiciaire ? », *op. cit.*, p. 94.

[43] C'est ainsi le cas des actes réglementaires touchant à l'organisation des services publics industriels et commerciaux : TC, 15 janvier 1968, Compagnie Air France contre Époux Barbier, Rec., p. 789 ; note WALINE (M.), *RDP*, 1968, p. 893 ; note AUBY (J.-M.), *D.*1969, p. 202.

[44] Cf. Article 4 et 11 du décret n°2020/773 du 24 décembre 2020 déterminant les modalités d'exercice des fonctions de *Public Independent Conciliator* auprès des Régions du Nord-Ouest et du Sud-Ouest.

[45] AUBY (J.-M.), DRAGO (R.), *Traité des recours en matière administrative*, Litec, 1992, p. 17.

comment, dans cette hypothèse particulière, déterminer si le recours est de nature administrative ou contentieuse ?

Selon René CHAPUS, il ressort de l'arrêt « *De Bayo* »[46] du Conseil d'État du 12 décembre 1953 que la « *qualification jurisprudentielle de juridiction s'opère par un critère unique, celui de la nature de la mission poursuivie par l'organisme à qualifier* »[47]. Dans cet arrêt, la Haute juridiction administrative a en effet considéré que le Conseil de l'ordre des vétérinaires devait être regardé comme une juridiction lorsqu'il exerçait une mission de répression disciplinaire ; ce qui signifie, selon le même auteur, que « *la répression disciplinaire constitue la "matière" dont la nature est propre à conférer un caractère juridictionnel à l'organisme qui y intervient* »[48].

Dès lors, les réclamations formées devant des organes disposant à la fois de compétences administratives et juridictionnelles et visant à contester des mesures disciplinaires ne devraient pas être regardées comme des recours administratifs mais comme des recours contentieux[49].

Le critère matériel dégagé par Monsieur CHAPUS n'est cependant pas totalement fiable, le Conseil d'État ayant refusé, quelques décennies après l'arrêt « *De Bayo* », de reconnaître la qualité de juridiction aux organes disciplinaires des fédérations sportives[50] et à la Chambre syndicale des agents de change statuant en

---

[46] CE, Ass., 12 décembre 1953, De Bayo, Rec., p. 544 ; Concl. CHARDEAU (J.), *Dr. Adm.*, 1954, p. 3 ; note DE SOTO (J.), *AJDA*, 1954, p. 138. Il en résulte que la décision d'inscription au tableau l'ordre des vétérinaires est administrative alors que les décisions disciplinaires du conseil de l'ordre sont juridictionnelles. Par conséquent, la décision d'abroger une précédente décision d'inscription au tableau de l'ordre professionnel doit être déférée devant le juge du fond et non le juge de cassation car il s'agit bien d'une décision administrative et non d'une décision juridictionnelle.

[47] KLAOUSEN (P.), « Réflexions sur la définition de la notion de juridiction dans la jurisprudence du Conseil d'État », *LPA*, 30 juillet 1993, p. 22.

[48] CHAPUS (R.), « Qu'est-ce qu'une juridiction ? La réponse de la jurisprudence administrative », in *Recueil d'études en hommage à Charles Eisenmann,* Cujas, 1975, p. 265.

[49] *Ibidem*, p. 265.

[50] CE, Sect., 19 décembre 1980, Hechter, Rec., p. 488 ; notes PLOUVIN (J.-Y.) et SIMON (G.), *D.*1981, p. 296 et 431, note PACTEAU (B.), *JCP,* 1982, II, 19783 : « *Considérant que les organismes prives qui, en vertu de l'article 1er de la loi n° 75-988 du 29 octobre 1975, apportent leur concours aux personnes publiques chargées du développement des activités physiques et sportives, et spécialement les fédérations sportives bénéficiant de l'habilitation prévue à l'article 12 de cette loi, sont associés par le législateur à l'exécution d'un service public administratif ; qu'il n'appartient dès lors qu'à la juridiction administrative de connaître des litiges relatifs aux décisions prises au nom de ces organismes lorsqu'elles constituent l'exercice d'une prérogative de puissance publique ; qu'il en est ainsi, notamment, des contestations nées de l'exercice, par les fédérations sportives ou pour leur compte, du pouvoir disciplinaire qui leur est attribué par l'article 11, alinéa 4, de la loi du 29 octobre 1975* ».
Cette solution s'explique, selon René CHAPUS, par le fait qu'il serait « *trop excessif* » de reconnaître la qualité de juridiction « *à des organismes relevant d'institutions de droit privé*

chambre de discipline[51]. En vérité, comme le souligne Mickaël LAVAINE, « *la réalité de la distinction de l'acte juridictionnel et de l'acte administratif, composée d'un grand nombre de solutions très différentes, ne peut pas être ramenée à l'unité d'un critère, sauf à nier une partie de ces décisions* »[52].

La question de la définition de la notion de juridiction demeure donc d'actualité, tout comme celle de la frontière entre les compétences juridictionnelles et les compétences administratives au sein d'une même autorité administrative[53]. Ainsi, en dépit de l'importante réflexion doctrinale sur cette question, force est de constater que les éléments d'identification du recours administratif ne permettent pas toujours de le distinguer avec certitude du recours contentieux.

B- Les catégories de recours administratif

La mise en lumière des critères d'identification du recours administratif porte à croire qu'il s'agit d'une catégorie homogène de mode de règlement des litiges. En réalité, le recours administratif demeure empreint d'une grande complexité malgré cette tentative de définition. Classiquement, sont en effet distingués deux types de recours administratifs : les recours administratifs de droit commun, caractérisés par une grande souplesse (**1**) et les recours administratifs spéciaux, institués par un texte et regroupant différentes catégories de recours administratifs répondant à des régimes plus contraignants, tendant à se rapprocher des recours contentieux (**2**).

1- Les recours administratifs de droit commun

La jurisprudence a admis depuis longtemps que certains recours administratifs pouvaient être exercés même s'ils n'étaient pas prévus par un texte :

"ordinaires" » (V. CHAPUS (R.), *Droit du contentieux administratif*, Montchrestien, coll. Domat Droit public, 13e éd., 2008, p. 118).

[51] CE, 16 novembre 1984, Woetglin, *Rec.*, p. 373. Cet organisme n'ayant pas été créé par le législateur, reconnaître le caractère juridictionnel de ses décisions aurait donc, selon René CHAPUS, nécessairement conduit à admettre leur caractère illégal. Il ressort en effet de l'article 34 de la Constitution que la création de nouveaux ordres de juridiction relève du domaine de la loi.

[52] LAVAINE (M.), *L'acte juridictionnel en droit administratif français*, Université de Brest, 2015, p. 118.

[53] *Ibidem*, p. 118.

les recours administratifs de droit commun[54]. Au sein de cette première catégorie doivent être également distingués deux types de recours selon un critère organique : le recours gracieux et le recours hiérarchique. Ces deux procédés sont caractérisés par un régime juridique très souple, extrêmement favorable au requérant et s'inscrivant dans un esprit proche de celui de la conciliation et de la médiation administratives[55].

De longue date, le juge administratif a reconnu la possibilité d'adresser un recours gracieux à l'auteur de l'acte contesté, ou bien un recours hiérarchique à son supérieur hiérarchique. En effet, peu de temps après la disparition de la théorie du ministre-juge, le commissaire du gouvernement Jean ROMIEU a affirmé que « *le recours hiérarchique existe, d'une manière générale, en toutes matières. Il portera soit sur des questions de droit, soit sur des questions de fait, et le ministre compétent pourra toujours modifier l'acte de son subordonné* »[56]. De même, la possibilité de former un recours gracieux, directement adressé à l'auteur de l'acte, a été reconnue dès 1917 par le Conseil d'État[57].

Par la suite, ces deux voies de recours ont été clairement consacrées par le juge administratif : « *Les parties ont toujours, sauf si des législations ont créé des procédures particulières, la faculté de porter d'abord leur réclamation devant l'auteur de l'acte ou devant le ministre, supérieur hiérarchique, et de ne se pourvoir devant le Conseil d'État que lorsque cette réclamation a été rejetée* »[58]. Quelques décennies plus tard, le Conseil d'État a précisé qu'il était possible d'exercer un recours auprès du supérieur hiérarchique entendu au sens large, et plus uniquement auprès du ministre[59]. Ils constituent également des principes généraux du droit qui ont été élevés au rang législatif avec l'adoption du Code des relations entre le public et l'administration qui dispose en son article L. 411-2 que « *toute décision administrative peut faire l'objet, dans le délai imparti pour l'introduction d'un recours contentieux, d'un recours gracieux ou hiérarchique qui interrompt le cours de ce délai* »[60].

---

[54] VRIGNAUD (M.), *Les modes non juridictionnels de règlement des litiges administratifs*, Thèse de Doctorat, Université de Nantes, 2016, p. 83.
[55] VRIGNAUD (M.), *Ibidem*, p. 85.
[56] Concl. ROMIEU (J.) sur CE, 31 juillet 1903, Picard, S.1906, 3, p. 14.
[57] CE, 12 janvier 1917, Marchelli, *Rec.*, p. 42 ; S.1923, III, p. 12.
[58] CE, 25 mai 1928, Reynaud, Rec., p. 688 ; note HAURIOU (M.), S.1928, 3, p. 81 ; note APPLETON (J.), *D.*1928, 3, p. 55
[59] CE, Sect., 24 janvier 1958, Méallet, Rec., p. 43 ; Concl. GUIONIN (J.), *D.*1958, p. 326 ; chron. FOURNIER (J.) et BRAIBANT (G.), *AJDA*, 1958, p. 90.
[60] L'article L. 410-1 de ce même code définit par ailleurs le recours gracieux comme « *le recours administratif adressé à l'administration qui a pris la décision contestée* », et le recours

Qu'il s'agisse du recours hiérarchique ou du recours gracieux, les recours administratifs de droit commun sont avant tout caractérisés par la souplesse de leur régime, qui constitue l'une des spécificités et la principale force des modes non juridictionnels de règlement des litiges. Comme le note Didier TRUCHET, « *la question de la recevabilité des recours administratifs de droit commun se pose à peine tant les règles sont très souples* »[61]. Les conditions de recevabilité de ces recours sont en effet extrêmement favorables au demandeur, tant en ce qui concerne le requérant, la forme de la demande, que le délai[62].

En ce qui concerne le requérant, celui-ci n'a pas à justifier ni d'une qualité, ni d'un intérêt à agir. Le juge administratif a en effet précisé qu'il n'y avait pas lieu « *de rechercher si l'auteur du recours gracieux [...] avait qualité pour former un tel recours* »[63]. À l'inverse, un recours contentieux ne peut être exercé que par une personne justifiant, en plus de la capacité d'ester en justice, d'un intérêt à agir. Cet intérêt doit être direct et personnel[64], légitime[65], certain[66].

Le recours administratif de droit commun n'est, contrairement au recours juridictionnel[67], soumis à aucun formalisme. Il a même été admis que ce recours pouvait être verbal : « *aucune disposition législative ou réglementaire n'impose de formes particulières aux recours gracieux ou hiérarchiques* »[68]. Dans la pratique cependant, il est généralement présenté sous forme écrite pour des raisons de preuve ; l'article R. 421-2 du Code de justice administrative dispose en effet en son alinéa

---

hiérarchique comme « le recours administratif adressé à l'autorité à laquelle est subordonnée celle qui a pris la décision contestée ».

61 TRUCHET (D.), « Fusionner les juridictions administrative et judiciaire ? », *op. cit.*, note 94, 157.

62 *Ibidem.*

63 CE, Sect., 23 novembre 1962, Association des anciens élèves de l'Institut commercial de Nancy, *Rec.*, p. 625

64 Ce qui signifie que le requérant doit être concerné par l'acte qu'il conteste. Une association de parents dont les enfants sont inscrits dans un établissement d'enseignement privé n'a ainsi pas d'intérêt pour agir à l'encontre de dispositions ne s'appliquant qu'aux établissements d'enseignement publics locaux (CE, Ass., 30 juin 2000, Association Choisir la vie et autres, req. n° 216130 ; note DUBOUIS (L.), *RFDA*, 2000, p. 1305).

65 Par conséquent, le justiciable ne peut demander l'annulation d'une décision mettant fin à la situation illégale dans laquelle il s'est placé. L'occupant sans titre d'un immeuble ne peut ainsi contester le permis de construire en autorisant la transformation (CE, 27 février 1985, SA Grands travaux et constructions immobilières, *Rec.*, p. 723 ; obs. MOREAU (J.), *AJDA*, 1985, p. 235).

66 Un promeneur résidant dans le département de la Guyane ne peut par conséquent se voir reconnaître un intérêt à agir contre un décret créant un parc national dans ce même département dans la mesure où ce parc est situé à plus de 200 km de son domicile : CE, 3 juin 2009, req. n° 305131.

67 La requête formée devant une juridiction administrative doit être rédigée en français, contenir l'exposé des faits et des moyens, et être accompagnée de la copie de la décision contestée.

68 CE, 7 novembre 1956, Delzant, *Rec.*, p. 421.

3 qu'à l'occasion d'un recours contentieux « *la date du dépôt de la réclamation à l'administration, constatée par tous moyens, doit être établie à l'appui de la requête* »[69].

Comme l'affirme Monsieur Jean MICHEL, « *doit être combattue avec force l'idée reçue hélas fort répandue dans l'administration selon laquelle les recours administratifs de droit commun doivent être obligatoirement formés dans le délai de deux mois de recours contentieux* »[70]. Cette position est également celle de Jean-Marie AUBY qui souligne que «*le recours administratif peut être exercé à toute époque sans être atteint de forclusion* »[71], ce que confirme également Didier TRUCHET : « *le recours n'est soumis à aucune condition de délai*». Il précise cependant que la date de son introduction est cruciale « *puisqu'elle contribue à déterminer la possibilité qu'a l'administration de retirer la décision contestée, et la recevabilité d'un éventuel recours contentieux ultérieur* »[72]. En effet, un recours pour excès de pouvoir ne peut en principe être formé que dans les deux mois à compter de la notification ou de la publication de la décision attaquée, ou dans les deux mois suivant la décision implicite de rejet née du silence gardé par l'administration[73]. En outre, il ne faut pas négliger le fait que la disparition des actes administratifs unilatéraux est elle-même soumise au respect de conditions de délai[74].

Par opposition aux recours juridictionnels, les recours administratifs de droit commun sont donc, tout comme la conciliation et la médiation, caractérisés par une grande liberté laissée au requérant. Cette caractéristique les distingue des recours administratifs spéciaux qui peuvent se révéler très contraignants pour l'administré.

---

[69] L'article L. 112-1 du Code des relations entre le public et l'administration prévoit par ailleurs que « *toute personne tenue de respecter une date limite ou un délai pour présenter une demande, déposer une déclaration, exécuter un paiement ou produire un document auprès d'une administration peut satisfaire à cette obligation au plus tard à la date prescrite au moyen d'un envoi de correspondance, le cachet apposé par les prestataires de services postaux autorisés au titre de l'article L. 3 du code des postes et des communications électroniques faisant foi* ».

[70] MICHEL (J.), *Les recours administratifs gracieux, hiérarchiques et de tutelle*, *op. cit.*, note 198, p. 76.

[71] AUBY (J.-M.), DRAGO (R.), *op. cit.*, note 210, p. 23.

[72] TRUCHET (D.), « Fusionner les juridictions administrative et judiciaire ? », *op. cit.*, note 94, 165.

[73] Cette situation est devenue dérogatoire avec l'entrée en vigueur de la loi n° 2013-1005 du 12 novembre 2013 habilitant le Gouvernement à simplifier les relations entre l'administration et les citoyens posant le principe selon lequel le silence gardé par l'administration vaut désormais acceptation, mais elle concerne encore un certain nombre d'hypothèses.

[74] VRIGNAUD (M.), *Les modes non juridictionnels de règlement des litiges administratifs*, *op. cit.*, p. 165.

2- Les recours administratifs spéciaux

Un recours administratif spécial est un « *recours administratif dont un texte législatif ou réglementaire non seulement mentionne l'existence mais encore en fixe le régime et les effets* »[75]. La catégorie des recours administratifs spéciaux est marquée par une très grande hétérogénéité et évolue tout comme la médiation et la conciliation sans logique au fil des textes[76]. Ces recours sont soumis à des régimes extrêmement variés et à des conditions de recevabilité plus exigeantes que les recours administratifs de droit commun. Ces spécificités tendent parfois à les rapprocher des recours contentieux plus que des modes de règlement amiable des litiges[77].

Il est possible de classer les recours administratifs en quatre catégories qui se différencient par le destinataire de la demande. Il s'agit en premier lieu des recours gracieux et hiérarchique, qui s'adressent aux mêmes destinataires que les recours administratifs de droit commun ; l'intérêt de ces procédés peut donc paraître incertain aux yeux des administrés. Certains recours spéciaux permettent en revanche à une autorité administrative de statuer sur un recours portant sur l'acte d'une autorité sur laquelle elle n'exerce pas de pouvoir hiérarchique : c'est le cas des recours de tutelle, et des recours de contrôle.

Primo, Comme leurs pendants de droit commun, les recours gracieux et hiérarchique sont respectivement adressés à l'auteur de la décision contestée, et à son supérieur hiérarchique. Dans ces deux premières hypothèses, le recours administratif serait a priori possible en l'absence de texte. L'institution d'un recours spécial a ici pour conséquence de soumettre la recevabilité du recours ou son examen au respect de conditions particulières. L'existence de telles procédures ne peut donc être légitimée aux yeux des justiciables que si elles sont accompagnées de contreparties intéressantes pour lui. Ce n'est malheureusement que rarement le cas en pratique, ce qui explique le manque d'attractivité de ces procédures[78]. Les recours de tutelle et les recours de contrôle se distinguent en revanche plus clairement des recours administratifs de droit commun.

---

[75] MAILLARD DESGRÉES DU LOÛ (D.), *Droit des relations de l'administration avec ses usagers, op. cit.*, note 199, p. 510.

[76] *Ibidem.*

[77] VRIGNAUD (M.), *Les modes non juridictionnels de règlement des litiges administratifs, op. cit.*, p. 89.

[78] VRIGNAUD (M.), *ibidem*, p. 323.

Secundo, Selon Didier TRUCHET, le recours de tutelle est adressé « *à l'autorité de tutelle de la personne morale au nom de laquelle agit l'auteur de la décision* »[79]. Ce recours doit bien être assimilé à un recours administratif spécial, car le pouvoir de tutelle n'existe que si un texte le prévoit expressément : de longue date, le juge administratif a en effet posé la règle « *pas de tutelle sans texte* »[80]. Monsieur TRUCHET souligne le fait que le droit des collectivités territoriales a pu fournir de nombreux exemples de tels recours jusqu'à ce que la tutelle qui pesait sur elles soit remplacée par un contrôle de légalité. Aujourd'hui, ce pouvoir de tutelle est notamment reconnu au directeur régional du travail et de l'emploi, compétent pour connaître du recours formé par un employeur contre l'injonction d'une caisse régionale d'assurance-maladie. Le Conseil d'État a en effet pu établir que, selon l'article L. 424 du Code de la sécurité sociale[81], le directeur régional saisi d'un tel recours prenait une décision « *non pas dans le cadre d'un pouvoir hiérarchique, mais dans l'exercice d'un pouvoir de tutelle* »[82]. Le recours de tutelle se distingue d'un autre type de recours administratif spécial, le recours de contrôle.

Infine, le recours de contrôle est adressé « *à une autorité qui dispose du pouvoir de réformer les décisions d'une autorité administrative, sans être pour autant ni le supérieur hiérarchique, ni l'autorité de tutelle* »[83]. Il s'agit donc d'une voie de recours intéressante pour l'administré car il est en théorie assuré de l'examen de sa demande par une autorité disposant des compétences nécessaires. Cette dernière catégorie est en réalité résiduelle et regroupe tous les recours qui ne correspondent à aucun des trois autres types de recours administratifs spéciaux. À l'instar de Sébastien JEANNARD, on notera que ces recours administratifs spéciaux sont d'autant plus difficiles à identifier qu'ils peuvent revêtir des appellations différentes[84]: il peut s'agir bien évidemment d'un « *recours* », mais ils peuvent aussi être qualifiés de « *réclamation* », ou encore « *d'appel* ».

---

[79] TRUCHET (D.), « Fusionner les juridictions administrative et judiciaire ? », *op. cit.*, note 94, 84.
[80] CE, Sect., 17 mars 1972, Mme Figaroli, *Rec.*, p. 224 ; *AJDA*, 1972, p. 213.
[81] Devenu article L. 422-4 du Code de la sécurité sociale.
[82] CE, 27 octobre 1995, Caisse régionale d'assurance-maladie de Normandie, req. n° 122375 ; obs. PRÉTOT (X.), Dr. Soc., 1996, p. 106.
[83] TRUCHET (D.), « Fusionner les juridictions administrative et judiciaire ? », *op. cit.*, note 94, 84.
[84] JEANNARD (S.), *Le recours administratif dans le système juridique français*, LGDJ-Lextenso, coll. Systèmes, 2013, p. 47.

II- LA PROMOTION DES MODES ALTERNATIFS DE REGLEMENT DES LITIGES EXCLUANT TOUTE INTERVENTION JURIDICTIONNELLE

Le règlement non juridictionnel des litiges a des origines très anciennes en droit privé, la conciliation étant consacrée par le législateur dans l'office du juge civil dès la période révolutionnaire[85]. Longtemps considérée comme incompatible avec le contentieux administratif, la conciliation a finalement gagné la matière administrative au début du XXe siècle, mais ce n'est qu'en 1986 que le juge administratif français s'est vu reconnaître une mission de conciliation inspirée de celle de son homologue judiciaire[86]. Toutefois, cette notion est désormais concurrencée par une technique de règlement amiable des litiges inspirée du droit des gens, la médiation[87]. La frontière entre ces deux mécanismes est particulièrement ténue et il est aujourd'hui très compliqué d'appréhender la « *nébuleuse médiation-conciliation* ».[88]

Or, s'il est vrai que ces deux modes non juridictionnels de règlement des litiges concourent à un même but, qui est l'émergence d'une solution amiable à un litige (**A**), la méthode pour parvenir à cet objectif varie en revanche selon que le *Public independent conciliator* qui élabore cette solution est un conciliateur ou un médiateur (**B**).

A- La médiation et la conciliation : deux procédés convergents

En premier lieu, la conciliation et la médiation sont des modes non juridictionnels de règlement des litiges[89]. À ce titre, elles constituent des compléments, voire des substituts à la saisine du juge administratif. Il y'a lieu de relever une double convergence : définitionnelle d'une part (**1**) et objective d'autre part (**2**).

---

[85] VRIGNAUD (M.), *Les modes non juridictionnels de règlement des litiges administratifs*, *op. cit.*, p. 20.
[86] *Ibidem.*
[87] DION (G.), *Dictionnaire canadien des relations de travail*, 2e éd., Québec, Les Presses de l'Université Laval, 1986.
[88] GUILLAUME-HOFNUNG (M.), *La médiation*, PUF, coll. Que Sais-Je ?, 6e éd., 2012, p. 48.
[89] REVERCHON-BILLOT (M.), « Conciliation et médiation : des modes amiables concrètement différents ». Procédures, 2021, 12, pp.8.

1- Une convergence définitionnelle

Si les expériences étrangères, telles que les *Alternative Dispute Resolution* (ADR) d'origine anglo-saxonne, ont contribué au développement actuel des modes amiables en France, il apparaît cependant que ces modes détiennent une place historique dans le système judiciaire français, que ce soit en matière sociale ou en procédure civile[90]. Néanmoins, médiation et conciliation n'ont pas été mobilisées de la même façon au cours de l'histoire[91].

Si le juge administratif français ne s'est vu reconnaître une fonction conciliatrice qu'en 1986[92], la conciliation judiciaire est apparue dès la période révolutionnaire. Les bases de ce mode de règlement des litiges ont en effet été jetées par la loi des 16-24 août 1790. Ce texte était profondément marqué par la volonté des révolutionnaires d'abaisser par tout moyen le pouvoir des juges et d'éviter les dérives arbitraires connues sous l'Ancien Régime. Dans l'idée d'empêcher le procès à tout prix, la loi des 16-24 août 1790 a donc accompagné le principe de séparation des autorités administratives et judiciaires de la création des premières institutions officielles de conciliation, les juges de paix[93].

L'année 1790 fut donc marquée par l'organisation devant le juge de paix du premier préliminaire obligatoire de conciliation, la loi prévoyant qu'aucun litige ne puisse être porté devant un tribunal sans qu'une conciliation ne soit tentée au préalable. Cette première figure de la conciliation était avant tout un notable élu parmi les citoyens âgés de trente ans au moins[94]. Aucune connaissance juridique particulière n'était exigée de lui et aucune règle précise ne venait encadrer le déroulement de la conciliation, que ce soit concernant l'organisation de la procédure, le mode de comparution des parties ou le rôle du juge de paix[95]. La loi prévoyait seulement qu'à l'issue de la conciliation, devait être dressé un procès-verbal

---

[90] Ainsi, selon Jacques POUMAREDE, Professeur d'histoire à l'Université de Toulouse, les modes alternatifs sont en réalité « *une attitude bien française* » (POUMAREDE (J.), « La conciliation, la mal aimée des juges », Les cahiers de la justice, ENM, 2013/1).

[91] *Ibidem.*

[92] Article 22 de la loi n° 86-14 du 6 janvier 1986 *fixant les règles garantissant l'indépendance des membres des tribunaux administratifs*, JORF, 7 janvier 1986, p. 332 : « *L'article L. 3 du code des tribunaux administratifs est ainsi complété : "Les tribunaux administratifs exercent également une mission de conciliation"* ».

[93] VRIGNAUD (M.), *Les modes non juridictionnels de règlement des litiges administratifs, op. cit.*, p. 22.

[94] Loi des 16-24 août 1790, Titre III article 3.

[95] VRIGNAUD (M.), *Les modes non juridictionnels de règlement des litiges administratifs, op. cit.*, p. 22.

sommaire signé par les partie ou mentionnant leur refus de le faire contenant leurs dires, aveux ou dénégations sur les points de fait[96].

Par la suite, ce système a été maintenu jusqu'à la réforme judiciaire du 22 décembre 1958[97], réforme à compter de laquelle le juge de paix disparaît définitivement de la législation française. Les tribunaux d'instance ont alors repris l'essentiel des compétences des justices de paix[98].

Pour autant, la conciliation conserve une place très importante dans l'office du juge civil. Devant le tribunal d'instance, le Code de procédure civile prévoit en effet que « *le juge s'efforce de concilier les parties* »[99] et qu' « *en l'absence d'opposition du demandeur dans sa déclaration, le juge peut déléguer à un conciliateur de justice la tentative préalable de conciliation* »[100]. En outre, si le principe est désormais que la conciliation est facultative, le Code de procédure civile prévoit une phase de conciliation obligatoire devant le conseil des prud'hommes[101], le tribunal paritaire des baux ruraux[102], ainsi qu'en matière de divorce[103] et de saisie des rémunérations[104]. En dépit de son ancienneté, la conciliation n'a jamais reçu de définition législative ou doctrinale unanime. Partant, celle-ci est souvent confondue avec la médiation, dont les origines sont pourtant très différentes.

Il est fait mention de l'existence de la médiation dès le XVIIIe siècle comme instrument de pacification des relations entre les États[105]. Le médiateur était alors

---

[96] Loi des 16-24 août 1790, Titre X article 3.

[97] La conciliation préalable devant le juge de paix avait déjà perdu son caractère contraignant avec la loi n° 49-178 du 9 février 1949 *supprimant la tentative de conciliation dans les affaires du ressort des tribunaux de première instance*, JORF, 10 février 1949, p. 1499.

[98] VRIGNAUD (M.), *Les modes non juridictionnels de règlement des litiges administratifs*, *op. cit.*, p. 22.

[99] CPC, art. 845, al. 1er.

[100] CPC, art. 831, al. 1er

[101] C. trav., art. 1411-1 : « *Le conseil de prud'hommes règle par voie de conciliation les différends qui peuvent s'élever à l'occasion de tout contrat de travail soumis aux dispositions du présent code entre les employeurs, ou leurs représentants, et les salariés qu'ils emploient. Il juge les litiges lorsque la conciliation n'a pas abouti* ».

[102] CPC, art. 887 al.1er : « *Au jour indiqué, il est procédé, devant le tribunal, à une tentative de conciliation dont il est dressé procès-verbal* ».

[103] C. civ., art. 252 : « *Une tentative de conciliation est obligatoire avant l'instance judiciaire. Elle peut être renouvelée pendant l'instance. Le juge cherche à concilier les époux tant sur le principe du divorce que sur ses conséquences* ».

[104] C. trav., art. R. 3252-12 : « *La procédure de saisie des sommes dues à titre de rémunération est précédée, à peine de nullité, d'une tentative de conciliation, en chambre du conseil* ».

[105] DE MABLY (G.), *Le droit public de l'Europe fondé sur les traitez conclus jusqu'en l'année 1740*, t.1, 1746, p. 358, consultable en ligne sur Gallica-Bibliothèque nationale de France [http://gallica.bnf.fr/].
Est notamment évoquée la médiation de la France entre le Saint-Empire romain germanique et l'Empire ottoman qui a abouti à la signature du Traité de Belgrade en 1739.

perçu comme celui qui «*s'interpose entre les États en conflits ; il prend part aux négociations, et même il les dirige. C'est par son intermédiaire que sont échangées les déclarations des parties. Il s'efforce de moyenner un arrangement amiable ; s'il y a guerre, d'amener la paix, sans toutefois avoir qualité pour l'imposer. Les États en conflits restent libres de ne pas accepter ses conseils* »[106].

Cette pratique ancienne a été consacrée textuellement par la Convention de La Haye du 29 juillet 1899 *pour le règlement pacifique des conflits internationaux.* Ce texte dispose en son article 4 que le rôle du médiateur consiste à « *concilier les prétentions opposées et à apaiser les ressentiments qui peuvent s'être produits entre les États en conflits* ». À la lecture de ce texte, les auteurs de l'époque ont donc défini la médiation comme « *l'acte d'un État qui intervient amicalement dans le différend entre deux États, en vue de le terminer par un arrangement amiable* »[107]. Depuis, la médiation s'est développée bien au-delà du champ des relations internationales[108].

En droit administratif, cette expression a été transposée pour la première fois par la loi n° 73-6 du 3 janvier 1973 instituant un médiateur[109]. Cette institution, rebaptisée par la suite Médiateur de la République, a depuis inspiré la création de nombreux médiateurs au sein des services de l'État, des collectivités territoriales et des établissements publics. En apparence, la médiation semble donc avoir gagné sa place en droit administratif[110]. Cependant, comme la conciliation, la médiation souffre de ne pas avoir reçu de définition textuelle ou doctrinale claire ; il est par conséquent difficile d'évaluer sa vraie étendue en matière administrative.

Il serait donc fondamental de procéder à une clarification de ces deux notions et d'identifier les procédures pouvant réellement prétendre à ces appellations afin d'apprécier leur véritable place en droit administratif. Un tel effort ne pourrait en outre qu'aider le *Public Independent conciliator* à mieux saisir les caractéristiques de chacun de ces procédés et à choisir le plus adapté à la situation du différend.

---

[106] RIVIER (A.), *Principes du droit des gens*, t.2, 1896, p. 163, consultable en ligne sur Gallica-Bibliothèque nationale de France [http://gallica.bnf.fr/].
[107] FOIGNET (R.), *Manuel élémentaire de droit international public à l'usage des étudiants en droit et des candidats aux carrières diplomatique et consulaire*, 1926, p. 476, consultable en ligne sur Gallica-Bibliothèque nationale de France [http://gallica.bnf.fr/]
[108] *Ibidem.*
[109] Loi n° 73-6 du 3 janvier 1973 *instituant un médiateur.*
[110] REVERCHON-BILLOT (M.), « Conciliation et médiation : des modes amiables concrètement différents », *op. cit.*, pp.8.

2- Une convergence objective : le règlement amiable des litiges

Comme indiqué plus haut, la conciliation et la médiation sont des modes non juridictionnels de règlement des litiges. À ce titre, elles constituent des compléments, voire des substituts à la saisine du juge administratif. Le but de ces mécanismes étant de parvenir à l'émergence d'une solution amiable, ils supposent donc la participation active des parties aux discussions[111]. À l'issue de la procédure de règlement amiable, elles demeurent libres d'accepter[112].

En tant que substituts potentiels aux décisions juridictionnelles, la conciliation et la médiation n'impliquent pas forcément que le litige soit tranché par une application pure et simple du droit. Ces procédés permettent ainsi au *Public independent conciliator* de recourir à des règles morales ou d'opportunité ; il lui est également possible d'adopter une solution en équité[113], c'est-à-dire « *en dehors des règles de droit, selon des critères tels que la raison, l'utilité, l'amour de la paix, la morale* »[114]. La conciliation et la médiation présentent donc un intérêt majeur : celui d'éviter la désignation d'un gagnant et d'un perdant et de permettre l'émergence d'une solution acceptable pour les parties.

Cependant, la médiation et la conciliation n'aboutissent en elles-mêmes qu'à une proposition de règlement du litige qui nécessite de recourir à un accord pour y mettre fin définitivement, ce qui en fait des modes de règlement des litiges « *imparfaits* »[115].

À ce titre, la définition de la conciliation proposée par Gérard CORNU semble incorrecte. Cet auteur a défini ce procédé comme l' « *accord par lequel deux personnes en litige mettent fin à celui-ci [...], la solution du différend résultant non d'une décision de justice [...] mais de l'accord des parties elles-mêmes* »[116]. Or, il apparaît que, plus qu'un accord, la conciliation tout comme la médiation est avant tout une méthode[117] de résolution des conflits, qui peut être concrétisée par la

---

[111] GESUALDI-FECTEAU (D.), VISOTZKY-CHARLEBOIS (M.), CLOUET (J.), LECLERC (C.) et MORIN-AUBUT (A.), « Le recours aux modes alternatifs de règlement des conflits : une exploration au prisme d'une analyse des coûts humains et financiers de la justice », *Revue Canadienne Droit et Société*, 2024, pp. 1–22.

[112] *Ibidem.*

[113] VRIGNAUD (M.), *Les modes non juridictionnels de règlement des litiges administratifs*, *op. cit*, p. 148.

[114] CORNU (G.), *Vocabulaire juridique*, Association Henri Capitant, PUF, coll. Quadrige Dicos Poche, 10e éd., 2014, V° Équité.

[115] MUNOZ (F.), *La conciliation : du droit privé au droit public*, Université Paris I, 1997, p. 9

[116] CORNU (G.), *Vocabulaire juridique*, *op. cit*, V° Équité.

[117] MUNOZ (F.), *La conciliation : du droit privé au droit public, op. cit,* p. 9.

conclusion d'une convention[118]. Les parties sont libres de lui donner la forme qu'elles souhaitent, qui peut même se réduire à un accord verbal. Cependant, si les intérêts en cause sont importants, cette forme devra leur permettre d'apporter facilement la preuve de leur entente. Cet accord peut également prendre la forme particulière d'une transaction[119], c'est-à-dire, selon l'article 2044 du Code civil, d'un « *contrat par lequel les parties terminent une contestation née, ou préviennent une contestation à naître* ». Il s'agit dans cette hypothèse d'un contrat synallagmatique ayant un objet pécuniaire et comportant des concessions réciproques[120].

Enfin, au terme d'une procédure de conciliation ou de médiation, l'une des parties peut également être convaincue par les arguments de l'autre et abandonner ses prétentions ; l'issue consiste alors en une renonciation, c'est-à-dire en un abandon unilatéral, gratuit et irrévocable d'un droit subjectif[121].

La conciliation et la médiation peuvent donc être confondues sur le fond. En revanche, elles se distinguent par la forme qu'elles revêtent.

B- Deux procédés divergents

Deux critères permettant de distinguer la méthode de la médiation de celle de la conciliation ont été mis en lumière par la doctrine : la nécessaire intervention d'un tiers (**1**) ainsi que l'importance du rôle joué par ce dernier (**2**). Seul ce dernier critère semble toutefois pouvoir être retenu.

1- La nécessaire intervention du PIC : un critère de divergence moins pertinent

En premier lieu, une partie de la doctrine voit l'intervention d'un tiers comme une caractéristique permettant de distinguer la médiation de la conciliation. Selon certains auteurs, l'existence d'un tiers conciliateur ne serait pas une nécessité.

---

[118] TA Nantes, 15 avril 1991, M. Vaseux contre S.V.E.T. de la Région de Coëvrons, JCP, 1992, IV, 232.

[119] CORNU (G.), *Vocabulaire juridique*, *op. cit*, V° Transaction.

[120] VRIGNAUD (M.), *Les modes non juridictionnels de règlement des litiges administratifs*, *op. cit*, p. 148.

[121] BLUMANN (C.), *La renonciation en droit administratif français,* LGDJ, coll. Bibliothèque de droit public, 1974, p. 2.

Arnauld NOURY notamment, affirme que le recours à un conciliateur peut être facultatif et qu'il est « *toujours possible pour les parties de concilier par elles-mêmes leurs points de vue et leurs prétentions* »[122]. À l'instar de cet auteur, Charles JARROSSON considère que la conciliation est « *un processus de résolution des litiges fondé sur la recherche d'un accord des parties ; la conciliation est menée soit par les parties seules, soit avec l'aide d'un tiers appelé alors tiers conciliateur* »[123]. C'est également ce que laisse entendre Michèle GUILLAUME-HOFNUNG lorsqu'elle affirme que faute d'être des tiers, des médiateurs sont en réalité des conciliateurs[124].

À l'opposé, Christine BRÉCHON-MOULÈNES considère que l'« *on entend généralement par conciliation, un procédé de règlement des litiges par lequel les parties font appel à un conciliateur ; l'appel peut être facultatif ou obligatoire ; le conciliateur peut être une personnalité ou un collège ; l'essentiel est qu'il propose un règlement que les parties sont libres d'accepter ou non ; [...], il n'a pas de pouvoir de décision ; son rôle consiste simplement à faciliter l'accord amiable des parties* »[125].

Jean-François BRISSON se rapproche lui aussi de cette conception : selon cet auteur, la conciliation « *consiste pour les parties en conflit à faire appel à une tierce instance afin de rapprocher leurs points de vue et de se voir proposer une solution de compromis qu'elles seront libres d'accepter ou de refuser* »[126].

Ces deux dernières opinions semblent le mieux correspondre à la conception historique de la conciliation, ainsi qu'aux différents textes instituant de tels régimes. En outre, en l'absence de tiers, il serait plus pertinent, comme le souligne Frédérique MUNOZ[127], d'utiliser le terme de « *négociation* »[128].

---

[122] NOURY (A.), *Les alternatives au règlement par les juridictions étatiques des litiges intéressant l'administration*, Centre de recherches administratives, politiques et sociales – CNRS, Université Lille 2, 2001, p. 128.
[123] JARROSSON (C.), « Médiation et conciliation, définition et statut juridique », *Gaz.Pal.*, 1996, p. 951.
[124] GUILLAUME-HOFNUNG (M.), *La médiation*, *op. cit*, p. 57.
[125] BRÉCHON-MOULÈNES (C.), « Le règlement amiable dans les marchés publics », *Marchés publics*, 1987, n° 225, p. 21.
[126] BRISSON (J.-F.), *Les recours administratifs en droit public français*, LGDJ, coll. Bibliothèque de droit public, 1996, p. 202.
[127] MUNOZ (F.), *La conciliation : du droit privé au droit public, op. cit*, p. 18.
[128] VRIGNAUD (M.), *Les modes non juridictionnels de règlement des litiges administratifs*, *op. cit*, p. 17.

2- *L'important rôle joué par le PIC : un critère pertinent de divergence*

En second lieu, la plupart des auteurs ont mis en lumière une différence entre la conciliation et la médiation, tenant à l'importance plus ou moins grande du rôle joué par l'intervenant. Laurent RICHER estime en ce sens que « *le conciliateur se transforme en médiateur dès lors qu'il ne se contente pas de rapprocher les parties, mais propose une solution* »[129].

Cette définition rejoint celle proposée par Gérard CORNU dans son Vocabulaire juridique, où il affirme que la médiation est un mode de résolution des litiges qui consiste «*pour la personne choisie par les antagonistes […], à proposer à ceux-ci un projet de solution, sans se borner à s'efforcer de les rapprocher, à la différence de la conciliation, mais sans être investi du pouvoir de leur imposer comme décision juridictionnelle […]* »[130].

Ces propos s'accordent ainsi avec ceux de Jean CARBONNIER qui considérait la médiation comme « *plus dynamique* »[131] que la conciliation car « *elle ne se contente pas de suggérer aux parties des concessions sur leurs prétentions réciproques : elle négocie avec elles un projet qui transcende les prétentions* ». Cette position est également tenue par Yvon DESDEVISES, selon lequel ces deux procédés poursuivent un même objectif qui « *consiste à faire accepter par les parties une solution équilibrée et, pour tout dire, équitable en leur donnant les éléments qui leur permettent d'y consentir en connaissance de cause. C'est sur les moyens d'y parvenir que l'on cherche à distinguer la mission du conciliateur et celle du médiateur, en fonction des initiatives qu'ils peuvent prendre, le second ayant, dit-on parfois, vocation à élaborer plus précisément que le premier des propositions de solution* »[132].

À la lumière de tous ces éléments, il faut donc considérer que le PIC est un médiateur dès lors qu'il s'investit personnellement dans le règlement du litige, et dispose de pouvoirs suffisants pour inciter les parties à accepter la solution qu'il propose. En revanche, s'il s'en tient à créer des conditions propices à un dialogue et n'a pas le pouvoir de proposer un accord, il s'agit alors d'un conciliateur.

---

[129] RICHER (L.), « Les modes alternatifs de règlement des litiges et le droit administratif », *AJDA*, 1997, p. 3.

[130] CORNU (G.), *Vocabulaire juridique*, *op. cit*, V° Médiation.

[131] CARBONNIER (J.), *Droit et passion du droit sous la Ve République*, Flammarion, 2006, p. 80

[132] DESDEVISES (Y.), *Dictionnaire de la justice*, PUF, 2004, V° Conciliation et médiation, p. 195.

En conséquence, Le *Public independent conciliator*, qui se contente d'émettre des recommandations[133], exerce en revanche bien une mission de médiation.

[133] V. Article 14 du Décret 2020/773 du 24 décembre 2020 déterminant les modalités d'exercice des fonctions de *Public Independent Conciliator* auprès des Régions du Nord-Ouest et du Sud-Ouest.

DEUXIEME PARTIE :

LA MODERNISATION DU SYSTEME ADMINISTRATIF DE REGLEMENT NON JURIDICTIONNEL DES LITIGES

Le CGCTD et le décret n°2020/773 ont conféré, outre les compétences d'ordre général, des attributions spécifiques au *Public independent conciliator*. À l'exemple d'autres États comme le Gabon et le Burkina Faso où la législation a imparti aux Médiateurs une mission de paix sociale[134], le *Public independent conciliator* s'est vu être doté des missions particulières ou spécifiques. La spécificité de ces compétences tient de la nature, de l'objet et des moyens de ses missions. À ce titre, il exerce d'un côté une mission de « contrôleur délégué » dans les litiges opposant les administrés aux administrations concernées ; et de l'autre côté, celle de gardien de la déontologie administrative. Dans ce sens, le *Public independent conciliator* est chargé, dans sa région de compétence : « [...] *de concevoir et mettre en œuvre les mesures de prévention et de lutte contre les discriminations, directes ou indirectes, dont pourraient être victimes les usagers des services régionaux ou communaux ; de veiller au respect, par les personnes exerçant au sein de l'administration régionale ou communale, de leurs obligations déontologiques* »[135]. Il en ressort que le *Public independent conciliator* veille au respect des règles de déontologie administrative mais aussi à la prévention de toutes formes de discriminations dans les services régionaux et communaux. Dans le premier cas, le *Public independent conciliator* contribue à assurer et à garantir le respect de l'ensemble des règles et des devoirs régissant le fonctionnement des administrations régionales et communales du Nord-ouest et du Sud-ouest. Dans le second cas, en vue de la protection des usagers face à l'administration dotée des prérogatives de puissance publique[136], le *Public independent conciliator* exerce un rôle tritype de « conception-prévention-lutte » contre toutes formes de discriminations directes ou indirectes, passives ou actives dont sont susceptibles d'être victimes les administrés dans leurs relations avec les services régionaux et communaux du Nord-ouest et du Sud-ouest. Sous ces considérations, l'on note d'une part la démocratisation du

---

[134] BOUMAKANI (B.), « Les Médiateurs de la République en Afrique noire francophone. Sénégal, Gabon, Burkina Faso », *op.cit.*, p. 315.

[135] Articles 367 alinéa 1 du CGCTD et 4 alinéa 1 du décret n°2020/773.

[136] NGANGO YOUMBI (E.), *Les prérogatives de la puissance publique au Cameroun. La part respective du droit et des perceptions psycho-sociales*, L'Harmattan, Coll. « Études africaines », 2014, p. 15.

mécanisme administratif de protection des droits des citoyens (**I**), et de l'autre part l'humanisation du mécanisme administratif de protection des droits des citoyens (**II**).

I- LA DEMOCRATISATION DU SYSTEME ADMINISTRATIF DE REGLEMENT DES LITIGES

Gardien privilégié des droits fondamentaux sujet à caution, le juge ne permet pas toujours d'assurer une protection optimale des droits et libertés[137]. Outre que son attachement aux droits de la personne humaine est parfois remis en cause, un certain nombre de lacunes, d'ordre conjoncturel ou structurel, entravent l'effectivité de son action. De telles lacunes, intimement liées à la rigueur et au formalisme entourant la garantie juridictionnelle, s'expriment à la fois sur le terrain de l'accès au prétoire du juge et sur celui de l'efficacité de son contrôle[138].

Or, Le *Public Independent Conciliator* (l'Ombudsman camerounais) s'avère en mesure de combler certaines de ces insuffisances car l'ombudsman et le juge ne sont pas deux formes de protection exclusives l'une de l'autre. Loin de concurrencer l'action du juge[139], le *Public Independent Conciliator*, grâce à sa souplesse et à son informalité, s'érige, au contraire, en un complément utile de la garantie juridictionnelle[140]. S'il se révèle proche du juge par sa mission, il s'en distingue, en revanche, radicalement par ses pouvoirs, le fondement de ses interventions et les modalités de son contrôle[141]. C'est pourquoi ces deux institutions sont sans aucun doute à même de coexister et de jouer un rôle complémentaire dans le cadre de la défense des droits et libertés fondamentaux[142] des citoyens face à l'administration. Evidemment, « *le contrôle exercé par [l'] ombudsman ne saurait remplacer le contrôle juridictionnel, mais il peut le compléter avantageusement* »[143]. Plus

---

[137] LÖHRER (D.), *La protection non juridictionnelle des droits fondamentaux en droit constitutionnel comparé : L'exemple de l'ombudsman spécialisé portugais, espagnol et français.* Droit. Université de Pau et des pays de l'Adour, 2013. Français. ffNNT : ff. fftel-01465159f, p. 348.

[138] *Ibidem.*

[139] En ce sens, v. not. : B. Delaunay, « Les protections non juridictionnelles des droits publics subjectifs des administrés », *op. cit.*, p. 227 ; T. Mostafa-Kamel, « Allocution de séance d'ouverture », in Actes du séminaire régional d'échanges sur la médiation et l'Etat de droit : Bulgarie, Moldavie, Roumanie, 1998, p. 12, [en ligne]. Disponible sur [http://democratie.francophonie.org] ; R. Pellon, « Las metamorfosis del "ombudsman" », *op. cit.*, p. 74.

[140] Cette vertu de complémentarité est notamment défendue par le professeur Jesús GONZALEZ PEREZ à travers son article, déjà évoqué, « Nuevos sistemas de control de la Administración pública »

[141] LE CLAINCHE (M.), « L'ombudsman, cet inconnu », *op. cit.*, p. 564.

[142] Sur ce point, v. P. GARANT, « Du Protecteur du citoyen québécois au Médiateur français (l'ombudsmanie en francophonie) », *op. cit.*, p. 243.

[143] *Ibid.*, p. 242.

accessible (**A**), sa protection offre potentiellement une meilleure adhésion citoyenne(**B**).

A- Une accessibilité simplifiée

Entravée par des obstacles divers et variés, tels le refus du juge d'opérer son contrôle, l'exclusion de certaines catégories de droits des voies de recours spécialisées dans la protection des droits fondamentaux et, surtout, les facteurs matériels ou psychologiques dissuasifs de l'exercice du droit au recours, l'accès au prétoire du juge demeure, encore aujourd'hui, une entreprise parfois délicate dans laquelle le justiciable n'est pas nécessairement prêt à s'engager[144]. Au contraire, le *Public Independent Conciliator* se présente comme une voie de recours plus accessible, susceptible d'être préférée à la garantie juridictionnelle dans la vie régionale et communale du Nord-Ouest et du Sud-Ouest. Tandis que son champ de compétence le conduit à s'ériger en défenseur de l'ensemble des droits fondamentaux, sans exception, le *Public Independent Conciliator* propose, à la différence de la protection juridictionnelle, des modalités d'accès particulièrement attractives, caractérisées par la souplesse et la simplicité (**1**). A cela, s'ajoute le haut degré de confiance qu'inspire l'institution auprès des administrés (**2**).

1- Les modalités d'accès attractives

Se distinguant grâce à la gratuité de ses services et la souplesse des conditions de recevabilité des plaintes qui lui sont adressées, le PIC tranche incontestablement par rapport au caractère onéreux et complexe de la procédure juridictionnelle[145]. Soumises à un formalisme réduit au strict minimum, les modalités d'accès à l'institution s'avèrent, en effet, autrement plus simples que celles régissant la procédure contentieuse. Comme le soulignait déjà Robert PIERROT en 1974 à propos du Médiateur de la République, la recevabilité des réclamations obéit à des conditions très différentes selon qu'elles sont adressées au juge ou à l'ombudsman: « *pour les unes, il existe un système rigoureux, cohérent et nécessaire qui exige une*

---

144 LÖHRER (D.), *La protection non juridictionnelle des droits fondamentaux en droit constitutionnel comparé : L'exemple de l'ombudsman spécialisé portugais, espagnol et français*, *op. cit.*,p. 349.
145 *Ibidem.*

décision préalable faisant grief, pour les autres il suffit d'une "affaire... concernant" le réclamant précédée d'une simple démarche auprès de l'Administration. Il n'est pas douteux que pour l'administré moyen, le laxisme du second système sera plus attrayant que la rigueur du premier et que, de ce point de vue, le médiateur pourra, en cas de compétence concurrente, être préféré au juge »[146]. La recevabilité des réclamations adressées à l'ombudsman n'est soumise à aucune considération de délai. De sorte que, et c'est là un avantage supplémentaire par rapport à la procédure contentieuse, l'accès au PIC demeure affranchi « *des règles impératives et complexes qui commandent en matière de délai la recevabilité des requête devant le juge administratif* »[147]. En somme, il suffit à l'administré d'adresser une requête écrite ou verbale et d'apporter la preuve de l'existence d'un intérêt à agir pour que la protection offerte par le PIC se mette en marche[148]. Par ailleurs, se doit d'être rappelée l'existence, en France, d'un important réseau de délégués territoriaux de l'institution. Susceptibles d'être directement saisis par les citoyens, les services déconcentrés du Défenseur des droits contribuent, ne serait-ce que par leur proximité géographique, au rapprochement de l'institution et des administrés[149]. De plus, leur fonction d'écoute et de conseil facilite incontestablement l'accès des administrés à l'institution[150]. Elle permet notamment d'aider le citoyen à effectuer, préalablement à la saisine du médiateur, les démarches nécessaires auprès des personnes publiques ou des organismes en cause[151].

Or, cette souplesse des modalités d'accès au PIC favorise sans nul doute la saisine de l'institution par le citoyen victime d'une violation de ses droits fondamentaux. De surcroît, elle offre une alternative appréciable au justiciable rencontrant des difficultés pour s'adresser au juge, en particulier lorsqu'il ne dispose pas des ressources économiques et culturelles suffisantes pour supporter le coût financier d'un procès et déchiffrer les subtilités de la procédure juridictionnelle[152].

---

[146] PIERROT (R.), « Le Médiateur : rival ou allié du juge administratif ? », *op. cit.*, p. 686.

[147] *Ibid.*, p. 688.

[148] En ce sens, Cf. les articles 11, 12 et 13 du Décret n°2020/773 du 24 décembre 2020 déterminant les modalités d'exercice des fonctions de *Public Independent Conciliator* auprès des Régions du Nord-Ouest et Sud-Ouest.

[149] Sur ce point, v. : Á. Gil-Robles, « Pluralidade e singularidade do Ombudsman na comparação de experiências europeias », *op. cit.*, pp. 33-34 ; Ph. Warin, Les dépanneurs de justice. Les « petits fonctionnaires » entre égalité et équité, L.G.D.J., Droit et Société, Paris, 2002, p. 49.

[150] DELEVOYE (J-P.), *Le guide du bon sens ou comment rapprocher les citoyens et l'administration*, Le cherche midi, coll. Documents, Paris, 2005, p. 12.

[151] Obligation procédurale prévue par l'article 6-2 de la loi organique relative au Défenseur des droits et spécifique, on le rappelle, à l'institution française.

[152] Sur ce point, v. not. : M. MEIRINHO Martins et J. DE SA, O exercício do direito de queixa como forma de participação política. O caso do Provedor de Justiça (1992-2004), *op. cit.*, p. 68 ; M. Retuerto Buades, « El Defensor del Pueblo, institución de garantía no jurisdiccional del derecho nacional y comunitario », *op. cit.*, p. 11.

En d'autres termes, l'ombudsman camerounais offre la possibilité aux personnes les plus démunies et en situation d'exclusion, dont les étrangers, les mineurs, les personnes âgées ou, encore, les personnes placées dans des lieux privatifs de libertés[153] de revendiquer l'effectivité de leurs droits fondamentaux là où l'ésotérisme et le coût d'une procédure contentieuse les conduits à renoncer à l'exercice de leur droit au recours. Il favorise ainsi la diminution du « *nombre de dénis de justice "implicites" résultant de l'inhibition des victimes de l'administration devant les difficultés de la procédure administrative contentieuse* »[154].

Et la voie de recours offerte par l'ombudsman ne saurait être réservée aux seules personnes en situation d'exclusion. Il faut effectivement se garder de tomber dans les caricatures consistant à assimiler, d'un côté, la garantie juridictionnelle à la justice des riches et des « puissants » et, de l'autre côté, la protection offerte par l'ombudsman à la justice des pauvres et des « faibles». Tandis que des efforts constants sont réalisés en vue de favoriser l'accès de tous au prétoire du juge, le recours à l'ombudsman est susceptible d'intéresser l'ensemble des publics. Par exemple, la rapidité d'action de l'institution[155], intimement liée à la souplesse et à l'informalité de ses interventions[156], peut séduire n'importe quel citoyen découragé par la lenteur de la justice, indistinctement de sa richesse économique et culturelle. Dans la mesure où les justiciables accordent plus facilement leur confiance à une justice rapide[157], la voie du PIC peut être privilégiée par tout administré soucieux que «*l'administration révise d'emblée sa position, s'il y a lieu, plutôt que d'obtenir plusieurs mois après, l'annulation d'une décision définitive ou la compensation indemnitaire d'une faute dont il aura dû subir les effets et qui peut être parfois difficilement réversible* »[158]. Plus accessible que le juge en raison de la souplesse de

---

[153] En ce sens, v. H. WUYTS, in Reunión Intercontinental Unión Europea/América Latina-Caribe. Tutela de los Derechos Humanos, celebrada en Madrid, 24 y 25 de abril de 2002, *op. cit.*, pp. 188-189.

[154] PIEROT (R.), « Le Médiateur : rival ou allié du juge administratif ? », *op. cit.*, p. 685.

[155] Comme le rappelle Patrice Verrier, « en règle générale les litiges qui sont soumis à la juridiction des ombudsmen trouvent leur solution au bout de quelques mois, rarement plus » (P. Verrier, « Le Médiateur », *op. cit.*, p. 950). En atteste le Rapport d'activité du Provedor de Justiça pour l'année 2010. Ce dernier indique que sur un total de 6790 affaires résolues en 2010, 5032 l'ont été en moins de 6 mois, dont 2111 en moins d'un mois (Provedor de Justiça, Relatório à Assembleia da República 2010, Lisboa, 2011, p. 33).

[156] Sur cette question, v. not. P. CARBALLO ARMAS, *El Defensor del Pueblo. El ombudsman en España y en el derecho comparado*, *op. cit.*, p. 52.

[157] MORAND-DEVILLER (J.), « Les mécanismes non juridictionnels de protection des droits », *op. cit.*, p. 497.

[158] Etude d'impact portant sur le projet de loi organique relatif à la création du Défenseur des droits, *op. cit.*, p. 5.

ses modalités de saisine et d'intervention, le *Public Independent Conciliator* présente, de surcroît, l'avantage d'inspirer la confiance du citoyen.

2- Une institution inspirant confiance

A la différence du procès, dont la perception négative dans l'imaginaire collectif implique un rejet chez bon nombre de justiciables, le PIC, en tant qu'institution au service et à l'écoute du citoyen[159], s'apparente à une voie de recours suscitant une certaine confiance au sein de la population[160]. Il faut dire que l'ombudsman revêt un degré de progressisme lui conférant une grande estime sociale[161]. En témoignent les appellations retenues par la France et les pays ibériques pour désigner l'institution. Qu'il s'agisse des expressions de « Défenseur des droits », de « *Provedor de Justiça* », et plus encore de « *Défenseur du Peuple* », l'accent est clairement mis sur la volonté de protéger l'individu face à la puissance étatique[162]. De telles dénominations, qui détonnent considérablement par rapport à celles dont se trouvent revêtus certains organes juridictionnels[163], ne peuvent qu'inspirer la confiance des citoyens[164]. De même, la nature unipersonnelle de l'institution, la simplicité d'accès à son prétoire ou, encore, « *l'élimination des*

---

[159] Sur ce point, Cf. Article 4 du Décret n°2020/773 du 24 décembre 2020 déterminant les modalités d'exercice des fonctions de *Public Independent Conciliator* auprès des Régions du Nord-Ouest et Sud-Ouest.

[160] A ce titre, l'ancien juge à la Cour suprême administrative de Suède, Holmgren, écrit : « C'est un fait que l'homme de la rue souvent s'adresse à l'ombudsman avec beaucoup plus de confiance et d'espoir qu'il ne le ferait s'il s'agissait pour lui de saisir les supérieurs hiérarchiques ou une juridiction, ceci étant dit sans vouloir sous-estimer la confiance qu'inspirent les services publics de l'Etat » (« La protection des administrés en droit suédois et la charge de l'Ombudsman », op. cit., p. 73-74.

[161] CARBALLO ARMAS (P.), *El Defensor del Pueblo. El ombudsman en España y en el derecho comparado*, *op. cit.*, p. 19. Dans un sens similaire, v. LINGNAU DA SILVEIRA (L.), « O Provedor de Justiça », *op. cit.*, p. 720.

[162] LÖHRER (D.), *La protection non juridictionnelle des droits fondamentaux en droit constitutionnel comparé : L'exemple de l'ombudsman spécialisé portugais, espagnol et français*, *op. cit.*,p. 352.

[163] Il suffit de songer au Conseil d'Etat français, dont la seule appellation ne permet guère au profane de présager qu'il s'agit là d'une institution œuvrant en faveur de la protection des droits et libertés.

[164] A cet égard, le professeur WALTER GELLHORN, « *après avoir longuement étudié les points de vue des différentes catégories sociales suédoises sur l'Ombudsman, [...] conclut non sans ironie que ce personnage est devenu une sorte de "symbole du père", selon la terminologie de la psychologie du subconscient* » (rapporté par K. HOLMGREN, « La protection des administrés en droit suédois et la charge de l'Ombudsman », *op. cit.*, p. 73).

intermédiaires »[165], notamment des avocats[166], sont autant d'éléments favorables à l'instauration d'une relation de proximité entre le citoyen et l'ombudsman[167]. Parce qu'il « *parvient à personnaliser l'affaire mieux que le juge* »[168], le PIC se révèle incontestablement plus proche du réquérant que ne le sont les tribunaux. Pour reprendre les propos d'Antonio ROVIRA VIÑAS, « *l'ombudsman est celui qui écoute le bruit de la rue* »[169], il se présente comme une oreille disposée à entendre les problèmes que lui expose le citoyen[170], comme l'« *avocat des humbles face au pouvoir administratif* »[171].

Cette proximité se veut d'autant plus forte que les aspirations du citoyen se reflètent davantage dans l'activité de l'ombudsman que dans les plaidoiries des avocats et les décisions de justice[172]. En ce sens, le professeur Charles JARROSSON souligne que « *la complexité du droit entraîne la confiscation du litige au profit des juristes, qui en font leur "chose", exprimée en termes juridiques, et à laquelle, pour cette raison, les parties se sentent étrangères malgré elles. Le médiateur, par son action, ses explications, peut restituer aux parties un rôle qu'elles avaient perdu dans le procès classique : sujets passifs dans le dialogue juridique, elles redeviennent sujets actifs autour du médiateur. La présence de ce dernier est la garantie qu'elles ne seront pas livrées à elles-mêmes* »[173]. De plus, le PIC suppose une certaine désacralisation du conflit[174]. Contrairement à l'action contentieuse qui

---

[165] GARANT (P.), « Du Protecteur du citoyen québécois au Médiateur français (l'ombudsmanie en francophonie)», *op. cit.*, p. 242.

[166] Sur ce dernier point, le professeur François Terré ne manque pas de souligner, à propos de la procédure juridictionnelle, que « *le particularisme des rites et des formules, rendant nécessaires le recours à des professionnels, aptes à servir d'intermédiaires, et au sens large du mot, d'interprètes des messages, favorise la constitution d'écrans plus ou moins opaques entre le justiciable et le juge. Sauf comparution personnelle ordonnée par celui-ci ou nécessité d'une tentative de conciliation, il n'est pas rare, au civil, que le plaideur n'estime pas nécessaire de se déranger. Son absentéisme peut être, suivant les circonstances, effet ou cause d'un accroissement de la distance qui perpétue, dans le cours de la procédure, par les soins des auxiliaires des parties, un éloignement en lui-même significatif* » (« Esquisse d'une sociologie du procès », *op. cit.*, pp. 277- 278).

[167] Sur ces questions, v. par ex. : P. CARBALLO ARMAS, *op. cit.*, p. 54 ; H. NASCIMENTO RODRIGUES, «A Função Preventiva, Personalizadora e Inovadora do Provedor de Justiça », *in Democracia e Direitos Humanos no século XXI*, *op. cit.*, pp. 79-81.

[168] MALIGNIER (B.), *Les fonctions du Médiateur*, *op. cit.*, p. 166.

[169] ROVIRA VIÑAS (A.), « Introducción », *op. cit.*, p. 22.

[170] En ce sens, v. GUMERSINDO GUERRA-LIBRERO Y ARROYO, « El ombudsman o defensor del ciudadano», *op. cit.*, p. 823.

[171] Médiateur de la République, Rapport annuel 1976, p. 45.

[172] ESCOBAR ROCA (G.), « Interpretación y garantía de los derechos fundamentales por el Defensor del Pueblo », in *Teoría y Realidad Constitucional, El Defensor del Pueblo*, *op. cit.*, p. 231.

[173] JARROSSON (Ch.), « Le médiateur : questions fondamentales », *op. cit.*, p. 20.

[174] GIL-ROBLES (A.), *El Defensor del Pueblo*, *op. cit.*, p. 142.

conduit, le temps que justice soit rendue, à cristalliser le conflit, le PIC, en tant qu'il participe d'une recherche de déjudiciarisation des litiges, c'est-à-dire de résolution consensuelle des différends qui se nouent entre les particuliers et les pouvoirs publics[175], est perçu, par le citoyen, comme un protecteur à visage humain[176].

Dans ces conditions, l'observateur ne sera guère surpris de constater que l'ombudsman compte parmi les institutions les mieux acceptée par l'opinion publique[177]. En Espagne, par exemple, le niveau de confiance des citoyens dans le Défenseur du Peuple oscille, depuis 1994, entre 5 et 6 points sur un indice de 0 (méfiance absolue) à 10 (confiance absolue)[178]. A première vue faible, un tel degré de confiance se révèle, en réalité, nettement supérieur à celui dont jouissent les autres institutions publiques espagnoles. Une série d'enquêtes menées par le Centre de recherches sociologiques espagnol, entre 1994 et 2006, donnent effectivement l'occasion d'observer que le Défenseur du Peuple est l'institution qui inspire la plus grande confiance, largement devant le Parlement, le Tribunal constitutionnel et le Conseil général du pouvoir judiciaire[179].

Présentant le double avantage de proposer des modalités d'accès particulièrement attractives et d'inspirer une grande confiance chez les citoyens, le PIC se définit en raison d'une accessibilité incontestablement supérieure à celle du juge. Favorable à l'appropriation des droits et libertés constitutionnellement consacrés par le citoyen[180], ce haut degré d'accessibilité se trouve confirmé, en pratique, par le nombre de requêtes enregistrées depuis la création et la mise en service de l'institution. Si d'aventure les citoyens renoncent à s'adresser au PIC, l'institution présente un autre avantage de taille par rapport au juge qui réside dans l'adhésion populaire observée dans ses actions.

---

[175] En ce sens, v. D. JACOBY et P. ROBARDET, « Le Protecteur du citoyen du Québec comme agent de changement », *op. cit.*, p. 617.

[176] SAMPAIO VENTURA (C.), *Direitos humanos e Ombudsman, Paradigma para una instituição secular*, *op. cit.*, p. 174.

[177] En ce sens, v. en part. : H. OEHLING RUIZ, « El Defensor del Pueblo : algunos problemans de su adaptación orgánico-funcional », *op. cit.*, p. 94 ; M. Retuerto Buades, « Le médiateur de l'Espagne », *op. cit.*, p. 43 ; « El Defensor del Pueblo, institución de garantía no jurisdiccional del derecho nacional y comunitario », *op. cit.*, p. 8 ; F. Sainz Moreno, « Defensor del Pueblo y Parlamento (relaciones con las camaras) », *op. cit.*, p. 12.

[178] Sur ce point, v. F. Vírseda Barca (Coord.), R. Ramós Torre, J.V. Gómez Rivas, [1982-2007], El Defensor del Pueblo en una España en cambio, 25 años, *op. cit.*, p. 29.

[179] *Ibid.*, pp. 30-31. Cette grande confiance dans l'institution de l'ombudsman n'est pas propre à l'Espagne, elle se vérifie également au Portugal (sur ce point, le lecteur pourra utilement se référer à M. Meirinho Martins et J. de Sá, O exercício do direito de queixa como forma de participação política. O caso do Provedor de Justiça (1992-2004), *op. cit.*, pp. 131-132).

[180] En ce sens, v. F. Vírseda Barca (Coord.), R. Ramós Torre, J.V. Gómez Rivas, [1982-2007], *op. cit.*, p. 35.

B- Une adhésion populaire aux solutions proposées

Dépourvu de pouvoirs contraignants, le PIC compte exclusivement sur sa magistrature d'influence pour mener à bien sa fonction de protection des droits de la personne humaine. Ses prérogatives, de portée essentiellement persuasive et incitative, le conduisent à privilégier la voie du dialogue en vue de convaincre les débiteurs des droits fondamentaux du bien-fondé des solutions qu'il propose. Mécanisme de *soft justice*[181], le PIC se distingue, en somme, par une «*recherche constante de négociation* »[182]. En cela, il s'oppose de façon radicale à la protection offerte par le juge, dont l'une des principales caractéristiques réside dans l'adoption de décisions de justice revêtues de l'autorité de la chose jugée et s'imposant à leurs destinataires. Or, parce que justement la fonction de défense des droits et libertés du *Public Independent Conciliator* préserve l'autonomie de la volonté, les solutions qu'il propose sont susceptibles de produire de meilleurs résultats que les décisions rendues par le juge. Revêtues de la qualité de la chose acceptée (**1**), elles acquièrent une pérennité certaine (**2**), ce qui n'est pas nécessairement vrai s'agissant des décisions rendues par le juge. En d'autres termes, et ainsi que le souligne le professeur Jacques CAILLOSSE, « *la décision est d'autant plus efficace qu'elle a été concertée* »[183].

1- Des solutions revêtues de la qualité de la chose acceptée

Le médiateur rassure, car il propose et n'impose pas[184]. Parce qu'il est animé par une recherche de direction non autoritaire des conduites, le PIC formule, en effet, des solutions dont l'effectivité repose sur le principe du consensualisme. Librement réceptionnées par leurs destinataires, ces solutions jouissent de ce qu'il est permis d'appeler « la qualité de la chose acceptée ».

Cette qualité de la chose acceptée s'exprime évidemment avec une acuité particulière concernant les solutions dégagées dans le cadre des procédures de médiation organisées par le PIC. Tant l'autonomie de la volonté y occupe une place centrale, la médiation se révèle, par essence, favorable à l'émergence d'une solution

---

[181] SAMPAIO VENTURA (C.), *Direitos humanos e Ombudsman, Paradigma para una instituição secular*, *op. cit.*, p. 37.
[182] FOULETIER (M.), *Recherches sur l'équité en droit public français*, *op. cit.*, p. 121.
[183] CAILLOSSE (J.), *Introduire au droit*, Montchrestien, Paris, 3ème éd., 1998, p. 104.
[184] JARROSSON (Ch.), « Le médiateur : questions fondamentales », *op. cit.*, p. 20.

recueillant l'adhésion des médiés. Se définissant au regard de sa dimension exclusivement consensuelle, la procédure de médiation, d'une part, ne peut avoir lieu que si les parties y consentent librement, d'autre part, suppose que l'accord qui en découle soit élaboré par les parties elles-mêmes[185]. En outre, l'éthique de la médiation postule que les médiés peuvent y mettre un terme à tout moment, sans avoir à en préciser les raisons[186]. Aussi le rôle du *Public Independent Conciliator* en la matière se limite-t-il à celui d'un « tiers-acteur »[187]. Il consiste, une fois le principe d'un règlement du litige en médiation accepté par les parties, à superviser le déroulement de la procédure, à rétablir le dialogue, à rapprocher les points de vue dans le but de permettre l'émergence d'une solution sur laquelle chacune des parties puisse marquer son accord[188]. Dégagée ensemble par les parties, la solution en médiation procède indiscutablement d'une philosophie de la solution négociée et, par conséquent, ne peut qu'être revêtue de la qualité de la chose acceptée.

En apparence, cette qualité de la chose acceptée se révèle moins évidente s'agissant des solutions proposées par le PIC dans le cadre de son pouvoir de recommandation. Se distinguant au regard de leur caractère unilatéral, les recommandations laissent à leurs destinataires une marge de manœuvre sensiblement plus réduite qu'une procédure de médiation. Il ne s'agit plus ici pour Le PIC de superviser une procédure dont l'objet est de permettre l'émergence d'un accord librement élaboré par les parties, mais de proposer une solution dont il détermine lui-même le contenu. Cela étant, il convient de garder à l'esprit que la recommandation se présente, elle aussi, comme un mode de direction non autoritaire des conduites. Dépourvue de caractère obligatoire, elle invite ses destinataires à adopter certains comportements mais ne les y oblige pas[189]. Classiquement opposées

---

185 Sur ces questions, v. not. : J. FAGET, Accès au droit et médiation, Mission de recherche Droit et Justice, GERICO, 2000, pp. 29 et ss. ; M. Guillaume-HOFNUNG, « La médiation hors du champ administratif – son avenir», *R.F.A.P.*, 1992, n° 64, p. 656 ; « La médiation », *op. cit.*, p. 33 ; *La médiation*, *op. cit.*, pp. 74-75 ; J.F. Mejías Gómez, « La mediación como forma participativa de resolución de conflictos », in A. Colomer Viadel (Coord.), Regenerar la política. Ciudadanos, ¡ sed protagonistas !, *op. cit.*, p. 105 ; P.-Y. MONETTE, « De la médiation comme mode de résolution de conflits et ses différentes applications », Symposium international de Bamako, 1998, p. 54, [en ligne]. Disponible sur [http://democratie.francophonie.org] ; J. ROBERT, « L'émergence des médiateurs », in Les médiateurs en France et à l'étranger, *op. cit.*, p. 11

186 En ce sens, v. : C.E., Développer la médiation dans le cadre de l'Union européenne, La Doc. fr., 2010, p. 22.

187 DELEVOYE (J.-P.) , *Le guide du bon sens ou comment rapprocher les citoyens et l'administration*, *op. cit.*, p. 9.

188 En ce sens, v. : J.-P. DELEVOYE, *op. cit.*, p. 9 ; J. ROBERT, « L'émergence des médiateurs », *op. cit.*, p. 12; J. ROBERT et J. DUFFAR, *Droits de l'homme et libertés fondamentales*, *op. cit.*, p. 170.

189 En ce sens, v. Ch. THIBIERGE, « Au cœur de la norme : le tracé et la mesure. Pour une distinction entre normes et règles de droit », *A.P.D.*, 2008, tome 51, p. 353.

aux commandements[190] , dont « *la vocation spécifique [est] de constituer des mesures à suivre, à reproduire, obligatoirement, impérativement* »[191], les recommandations peuvent, en effet, être définies « *comme des normes éthiques dont l'observance est conçue comme souhaitable mais non pas obligatoire et est donc laissée à l'appréciation discrétionnaire des intéressés ; elles tracent des lignes de conduite réputées opportunes à emprunter, mais que les intéressés ne sont pas tenus de suivre, qui impliquent, dans leur vocation même, la possibilité de s'en détourner* »[192]. Mode d'intervention privilégié de l'ombudsman, la recommandation « *invite* », « *rappelle* », « *propose* », « *suggère* » mais n'impose pas. Elle consiste dans la formulation d'énoncés non contraignants poursuivant une finalité de direction souple des conduites. Il s'ensuit que, dans le cadre des recommandations adressées par l'ombudsman également, le consentement conserve une place centrale[193].

Ce consensualisme est d'autant plus prononcé que l'ontologie de la recommandation revient généralement à laisser une certaine marge d'appréciation à ses destinataires. Comme le fait remarquer Benjamin LAVERGNE, « *la technique recommandatoire fait [...] l'objet d'un "décodage [de la part] des instances de réception", décodage particulièrement libre dans la mesure où la stratégie [...] employée par l'instance émettrice laisse une large liberté de manœuvre* »[194]. Sans nul doute cette stratégie se retrouve-t-elle s'agissant des recommandations adressées par le PIC. Disposant de la faculté de moduler l'intensité de ses recommandations[195], l'institution laisse parfois une certaine liberté de choix à leurs destinataires, le plus souvent quant à la forme et aux moyens à employer pour parvenir au résultat recherché. La recommandation n° MLD/2011-60 du Défenseur des droits en France, improprement appelée décision au demeurant, permet d'illustrer le propos[196]. En l'espèce, il s'agit de refus opposé par des agences immobilières de louer des appartements à des bénéficiaires de l'allocation adulte handicapé en raison de la

---

[190] Sur cette opposition entre recommandation et commandement, v. : P. AMSELEK, « L'évolution générale de la technique juridique dans les sociétés occidentales », *op. cit.*, p. 286 ; « Le droit, technique de direction des conduites humaines », *Droits*, 1989, n° 10, p. 10.

[191] AMSELEK (P.), « Norme et loi », *op. cit.*, p. 101.

[192] AMSELEK (P.), « L'évolution générale de la technique juridique dans les sociétés occidentales », *op. cit.*, p. 286.

[193] En somme, et comme l'écrit très justement Stéphane Gerry-Vernières à propos des «petites » sources du droit, « *il y a une prétention [...] à dire ce qui devrait être, en dépit de l'évidente humilité à devoir admettre qu'elle ne peut imposer la solution qu'elle prône* » (Les « petites » sources du droit ». A propos des sources étatiques non contraignantes, *op. cit.*, p. 159).

[194] LAVERGNE (B.), *Recherche sur la soft law en droit public français*, th. dactylographiée, Université Toulouse I Capitole, 2011, p. 139.

[195] En ce sens, v. L. DIEZ BUESO, *Los Defensores del Pueblo (ombudsmen) de las Comunidades autónomas*, *op. cit.*, p. 125.

[196] Décision du Défenseur des droits n° MLD/2011-60 du 10 novembre 2011, [en ligne]. Disponible sur [www.defenseurdesdroits.fr].

nature de leurs revenus. Confronté à un cas de discrimination indirecte fondée sur le handicap, le Défenseur recommande à la ministre de l'écologie, du développement durable, des transports et du logement « *de prendre toute mesure veillant au respect du droit garanti aux personnes handicapées par la Convention internationale des droits des personnes handicapées de choisir leur lieu de résidence* ». Particulièrement explicite quant à l'objectif poursuivi, cette recommandation n'en préserve pas moins la liberté du ministre quant au choix des modalités, tant formelles que procédurales, pour atteindre ledit objectif. Dans ces conditions, il semble permis d'affirmer que le mécanisme de la recommandation favorise l'émergence de solutions revêtues de la qualité de la chose acceptée.

L'affirmation n'est pourtant pas partagée par l'ensemble de la doctrine. D'aucuns objectent que l'autonomie de la volonté se trouverait altérée par l'autorité de l'institution, cette dernière générant chez les destinataires des recommandations un sentiment d'obligation de s'y conformer[197]. De toute évidence, on ne saurait nier que l'ombudsman, lorsqu'il adresse une recommandation, use de sa position institutionnelle « *pour raffermir la puissance de ce conseil en la chargeant d'un poids spécial* »[198]. Comme le souligne le professeur Jacques CHEVALLIER à propos des autorités administratives indépendantes, leur pouvoir de recommandation, « *pour être apparemment exclusif de toute idée de contrainte, n'en comporte pas moins pour les destinataires des effets juridiques – parfois comparables à ceux des règlements* »[199]. A cela s'ajoute l'arsenal de « sanctions non juridiques »[200] mis à la disposition de l'ombudsman en vue de susciter l'adhésion des débiteurs des droits fondamentaux. On songera, par exemple, à l'ancienne possibilité donnée au Défenseur du Peuple de saisir le Ministère public d'une action en responsabilité contre les fonctionnaires coupables d'un refus de collaboration[201], à la faculté du Défenseur des droits d'adresser des injonctions en cas d'inertie de ses interlocuteurs ou, encore, à la menace d'une éventuelle saisine de la juridiction constitutionnelle. Sur ce dernier point, se doit d'être soulignée la pratique, développée par le Provedor de Justiça, consistant à assortir certaines recommandations d'une saisine du Tribunal constitutionnel en vue d'inciter les

---

[197] Cette problématique est notamment soulevée par B. LAVERGNE, *Recherche sur la soft law en droit public français* , *op. cit.*, p. 141.

[198] DE BECHILLON (D.), *Qu'est-ce qu'une règle de droit ?*, *op. cit.*, p. 278.

[199] CHEVALLIER (J.), « Réflexions sur l'institution des autorités administratives indépendantes », *op. cit.*

[200] L'expression est empruntée à B. LAVERGNE, *op. cit.*, p. 141.

[201] Cette faculté, déjà identifiée, était prévue par l'article 24-2 de la loi organique du Défenseur du Peuple. Pour une étude approfondie de ce mécanisme, le lecteur pourra utilement se référer à F. M. BRUÑEN BARBERA, « Artículo 24-2 », in A. ROVIRA VIÑAS (Dir.), Comentarios a la ley orgánica del Defensor del Pueblo, op. cit., p. 609.

pouvoirs publics à s'y conformer[202]. Sans oublier le moyen de pression le plus redoutable que constitue la possibilité de porter à la connaissance du public les hypothèses de refus de collaboration des pouvoirs publics[203]. Similaire à ce que les anglo-saxons appellent la *sunshine regulation*[204], ce procédé repose sur l'idée que « *l'action sur la réputation est [parfois] plus efficace que l'action par le droit* »[205]. Généralement relayée par les médias[206], « *une mauvaise publicité peut [effectivement] faire beaucoup plus de dégâts que la recommandation elle-même*»[207]. De sorte que, dans le cadre d'un bilan avantage/inconvénient, le service

---

[202] Une illustration de cette pratique, tirée du Rapport annuel d'activité du Provedor de Justiça de 1999, est donnée par Maria Eduarda FERRAZ. En l'espèce, il s'agissait d'un décret-loi, en date du 8 août 1998, autorisant l'expulsion des étrangers ayant à leur charge des enfants mineurs de nationalité portugaise. Constatant qu'un tel dispositif emportait un risque élevé d'expulsion des enfants mineurs eux-mêmes, le Provedor de Justiça conclut à la contrariété du décret-loi par rapport à l'article 33-1 de la Constitution, aux termes duquel l'expulsion du territoire nationale de citoyens portugais est interdite. Soucieux de remédier à l'inconstitutionnalité constatée, le Provedor non seulement adressa une recommandation au gouvernement, en vue de modifier le décret-loi dans un sens conforme au texte constitutionnel – à savoir rendre impossible l'expulsion des étrangers ayant des enfants mineurs de nationalité portugaise – mais, de surcroît, saisit le Tribunal constitutionnel d'un recours en inconstitutionnalité. Procédé incontestablement efficace puisque le gouvernement se conforma à la recommandation avant même que le Tribunal constitutionnel n'ait le temps de statuer (O Provedor de Justiça na defesa da Constituição, *op. cit.*, pp. 57-58).

[203] La doctrine se veut d'ailleurs unanime sur ce point. En ce sens, v. entre autres : P. CARBALLO ARMAS, *El Defensor del Pueblo. El ombudsman en España y en el derecho comparado*, *op. cit.*, p. 52 ; J. GEORGEL et E. MATUTANO, « Médiateur de la République », *op. cit.*, p. 18 ; D. JACOBY, « L'ombudsman et l'opinion publique», Allocution prononcée lors du troisième colloque international de l'Institut latino-américain de l'ombudsman, Buenos Aires, 1991, p. 27 ; D.C. ROWAT, « Pourquoi un ombudsman parlementaire ? », *op. cit.*, p. 568.

[204] Cette technique « consiste pour le régulateur, qui est ou non indépendant de l'exécutif, à stigmatiser, dans des rapports, avis et analyses, les conditions de fonctionnement d'un service donné. Le régulateur ne dispose d'aucun pouvoir de contrainte. Sa force réside dans la menace qui pèse sur les entreprises gestionnaires de voir

[205] leurs défauts ou carences "livrés" à l'opinion publique par le régulateur » (S. BRACONNIER, « La régulation des services publics », *R.F.D.A.*, 2001, p. 43).

[206] DEREPAS (L.), « Concl. sur C.E., 13 juillet 2007, Société Editions Tissot », *A.J.D.A.*, 2007, p. 2148.

[207] L'ancien Médiateur de la République Paul LEGATTE écrit à ce propos : « Les médias s'empressent généralement de voler au secours des victimes de la loi. En intervenant en faveur des citoyens en difficulté, les divers médias ont conscience de remplir un devoir, de satisfaire le goût de leur clientèle pour les situations dramatiques, et parfois de contribuer à la solution des problèmes. Lorsque les journalistes s'intéressent à la solution d'un problème, ils sont enclins à porter des appréciations plus inspirées par des réflexes de droit naturel que par un raisonnement enserré dans la logique juridictionnelle. Par suite, les médias font indirectement pression pour les solutions en équité qui paraissent à leurs auditeurs et lecteurs comme des solutions de "bon sens" et de "véritable justice" » (Le principe d'équité. Défendre le citoyen face à l'administration, *op. cit.*, pp. 169-170).

concerné aura tôt fait de se conformer à la recommandation plutôt que de risquer une mauvaise publicité.

De toute évidence, il y a là de quoi étayer la thèse selon laquelle les ressorts les plus profonds sur lesquels le *Public independent conciliator* fonde son autorité emportent une altération de l'autonomie de la volonté des destinataires de ses recommandations. Le propos doit pourtant être nuancé. Tandis que les moyens de pression mis à la disposition de l'ombudsman ne constituent qu'un ultime recours[208], dont il n'use qu'avec la plus grande prudence[209], deux facteurs conduisent à affirmer que sa magistrature de persuasion sert la qualité de la chose acceptée davantage qu'elle ne la dessert.

2- Des solutions jouissant d'une pérennité certaine

En dépit de l'autorité de la chose jugée dont elles se trouvent revêtues, les décisions de justice, on l'a vu, ne sont pas aussi inébranlables qu'on pourrait le croire. Tandis que des hypothèses d'inexécution « directe » sont, toujours à l'heure actuelle, identifiables, l'incompréhension dont elles font parfois l'objet auprès de leurs destinataires conduit à des formes de résistance plus subtiles. Il peut arriver notamment que les pouvoirs publics se trouvent, dans un premier temps, obligés de se conformer aux décisions rendues par le juge, soit que celui-ci leur ait imposé, via ses pouvoirs d'injonction et d'astreinte, soit que l'annulation se suffise à elle-même, mais reproduisent, quelques temps plus tard, des atteintes aux droits et libertés similaires à celles sanctionnées.

La France compte quelques exemples, certes un peu datés, mais particulièrement significatifs, de cette pratique[210]. On songera notamment à l'affaire Fabrègues où un maire s'obstine à suspendre systématiquement le garde champêtre de la commune au début de chaque mois, nonobstant l'annulation par le Conseil

---

[208] LAVERGNE (B.), *Recherche sur la soft law en droit public français*, *op. cit.*, p. 366.

[209] Edwin MATUTANO souligne en ce sens que « dans la panoplie des pouvoirs dont il est attributaire, le registre coercitif mis à disposition du Défenseur des droits apparaît comme subsidiaire et ne paraît pas occuper le premier rang au regard de ce qui relève de l'influence, de la pression sans coercition » (« Le Défenseur des droits », op. cit., pp. 14-15). Cette affirmation se révèle confirmée par la pratique. En Espagne, par exemple, le pouvoir dont dispose le Défenseur du Peuple de communiquer, à travers un rapport spécial, les attitudes hostiles ou les entraves à ses enquêtes n'a jamais été utilisé à ce jour (F.M. BRUÑEN BARBERA, « Artículo 24-1 », in A. ROVIRA VIÑAS (Dir.), Comentarios a la ley orgánica del Defensor del Pueblo, op. cit., p. 615)

[210] Exemples extraits de R. CHAPUS, *Droits du contentieux administratif*, Montchrestien, Domat droit public, Paris, 13ème éd., 2008, p. 1159.

d'Etat de ses dix premiers arrêtés de suspension[211]. Ou, encore, à l'hypothèse Dame Lamotte où le préfet, nullement découragé par l'annulation de son arrêté de réquisition de terrain, adopté en réaction à une première annulation d'une concession dudit terrain, prend un nouvel arrêté de concession[212]. Dans de telles situations, l'activité du juge s'apparente à un travail de Sisyphe, consistant à réitérer « indéfiniment » une décision dont la pérennité est d'autant plus incertaine qu'il ne parvient pas toujours à en légitimer le bien-fondé auprès des pouvoirs publics. Bien entendu, ce sont là des cas extrêmes et, heureusement, exceptionnels. Ils n'en reflètent pas moins la fragilité de l'autorité de la chose jugée attachée aux décisions de justice, lesquelles, même « exécutées », ne sauraient jouir d'une pérennité absolue[213].

A l'inverse, les solutions proposées par le médiateur public, en tant qu'elles bénéficient de la qualité de la chose acceptée, peuvent prétendre à une certaine durabilité. Leur effectivité reposant sur un principe d'adhésion volontaire, il est possible de considérer que, une fois celles-ci acceptées, leurs destinataires seront davantage enclins à les respecter que les décisions de justices[214]. Acteurs de leur propre assentiment, les débiteurs des droits fondamentaux se trouvent nécessairement conduits à opérer un travail introspectif favorable à une prise de conscience de l'erreur commise.

Cette idée, si bien résumée par le professeur René DAVID lorsqu'il écrit que « *mieux reçues les sentences seraient, de surcroît, mieux exécutées* »[215], s'exprime, une fois de plus, avec une acuité particulière s'agissant des solutions dégagées dans le cadre d'une procédure de médiation. Procédant de la philosophie de la solution négociée et non de la solution imposée, ce mode alternatif de résolution des litiges s'avère propice à l'émergence de solutions durables[216]. Parce

---

[211] C.E., 23 juillet 1909 et 22 juillet 1910, Fabrègues, S., 1911.3.121, note M. HAURIOU.
[212] C.E. Ass., 17 février 1950, Dame Lamotte, R.D.P., 1951, p. 478, concl. J. DELVOLVE ; note M. WALINE.
[213] Ce n'est d'ailleurs là qu'une illustration, parmi d'autres, des limites du panjurisme. Un exemple certainement plus significatif est donné par l'« hypothèse du non-droit », mise en avant par le doyen Jean Carbonnier, qui renvoie à un phénomène d'absence ou de retrait du droit dans des situations où il devrait être présent (J. Carbonnier, Flexible droit : pour une sociologie du droit sans rigueur, L.G.D.J., Paris, 7ème éd., 1992, pp. 23 et ss.).
[214] Ce n'est rien d'autre que décrit Benjamin Lavergne lorsqu'il affirme : « la négociation, remplaçant l'unilatéralisme imposé d'en haut, pourrait assurer à la norme une certaine pérennité en ce qu'elle serait consentie et non plus subie » (Recherche sur la *soft law* en droit public français, *op. cit.*, p. 144).
[215] Cité par J. MORAND-DEVILLER, « Les mécanismes non juridictionnels de protection des droits », op. cit., p. 497.
[216] En ce sens, v. P.-Y. MONETTE, « De la médiation comme mode de résolution de conflits et ses différentes applications », *op. cit.*, p. 54.

qu'elles sont dégagées ensemble par les médiés et, ce faisant, tiennent compte des « intérêts de chacune des parties et pas uniquement ceux de l'une d'entre elles »[217], de telles solutions sont effectivement susceptibles de s'inscrire dans la durée, échappant ainsi à un risque de remise en cause permanent par le responsable de l'atteinte aux droits fondamentaux constatée.

Evidente pour les solutions en médiation, cette vertu de pérennité des solutions formulées par l'ombudsman trouve également à s'exprimer s'agissant de ses recommandations. Dans la mesure où l'autonomie de la volonté conserve une place centrale dans le processus de d'acceptation des recommandations, leur réception suppose, à l'identique de la solution en médiation, la naissance d'une solution durable. Et ce d'autant plus que, comme il a été indiqué, l'ombudsman spécialisé poursuit une fonction pédagogique de légitimation des solutions suggérées en s'efforçant d'expliquer à ses interlocuteurs les raisons pour lesquelles leur action s'inscrit en contrariété avec les droits fondamentaux. En associant les débiteurs des droits fondamentaux à la prise de décision et, par conséquent, à la rectification de leurs propres erreurs, il favorise une responsabilisation permettant d'espérer que les atteintes aux droits fondamentaux constatées ne se reproduisent pas à l'avenir.

En revanche, il est fort probable que la qualité de la chose acceptée et, par là-même, la pérennité des solutions suggérées par l'ombudsman s'amenuisent lorsque celui-ci recourt, ou menace de recourir, aux moyens de pression mis à sa disposition. Car, si l'« *on peut influencer en faisant peur […], la qualité de l'adhésion sera douteuse et peu durable, au point qu'il serait même abusif de parler d'adhésion* »[218]. Probablement faut-il voir là une des principales raisons pour lesquelles l'ombudsman n'use que très rarement et, en tout état de cause, en dernier recours de ses prérogatives de « sanctions non-juridiques ».

Mieux acceptées et, ce faisant, jouissant d'une pérennité certaine, les solutions proposées par le PIC et, plus largement, ses modalités d'intervention, favorisent, de surcroît, un rapprochement salutaire entre les citoyens et les pouvoirs publics.

---

[217] *Ibidem.*

[218] BELLENGER (L.), *La force de persuasion. Du bon usage des moyens de persuader et de convaincre*, *op. cit.*, p. 107.

II- L'HUMANISATION DU SYSTEME ADMINISTRATIF DE REGLEMENT DES LITIGES

Lorsque le juge a été saisi et s'est déclaré compétent pour connaître d'un recours, l'efficacité de son contrôle n'est pas pour autant assurée. Consistant dans l'annulation des mesures portant atteintes aux droits fondamentaux, ce contrôle, essentiellement curatif, souffre non seulement de son inadaptation à certaines exigences des droits de la personne humaine, mais également de défaillances préjudiciant à son effectivité. Sur ce point, l'ombudsman camerounais offre des perspectives de complémentarité intéressantes. Plus étendu que celui du juge, puisque dépassant la seule fonction corrective des atteintes portées aux droits fondamentaux (**A**), son contrôle se révèle, de surcroît, distinct de celui opéré par le juge dans la mesure où, lorsqu'il intervient pour faire cesser une violation d'un droit fondamental, l'ombudsman le fait selon des modalités différentes de celles du juge (**B**).

A- Une garantie différente de celle du juge administratif

S'exprimant essentiellement à travers le traitement des réclamations adressées à l'institution[219], la fonction de réparation des atteintes portées aux droits fondamentaux assumée par l'ombudsman, bien que très proche de celle exercée par le juge au regard de sa finalité, s'en distingue profondément, néanmoins, du point de vue de ses modalités d'exercice. A la nécessaire rigueur du contrôle de légalité opéré par le juge s'oppose, en effet, un mode de résolution des litiges expressément autorisé à statuer sur le terrain de l'équité (**2**) et disposant d'une importante liberté d'action (**1**). En somme, l'informalité et la souplesse des modalités d'intervention du médiateur public lui ouvrent un champ des possibles, sinon infini, particulièrement vaste.

---

[219] Il convient toutefois de rappeler que cette fonction de correction des atteintes portées aux droits et libertés fondamentaux trouve également à s'exercer par le prisme de la faculté d'action d'office de l'institution. A savoir que dès l'instant où l'ombudsman prend connaissance d'une violation d'un droit fondamental qui n'a pas fait l'objet d'une plainte, il peut s'autosaisir de la question. Il n'en demeure pas moins que, eu égard au nombre particulièrement élevé de plaintes dont se trouve saisie l'institution, la fonction de correction des atteintes portées aux droits et libertés poursuivie par l'ombudsman s'exprime principalement à travers les réclamations qui lui sont adressées.

1- La résolution des litiges résistibles au juge administratif

Libéré de la rigueur qui caractérise la procédure juridictionnelle, l'ombudsman peut, de toute évidence, se prévaloir d'une souplesse et d'une informalité difficilement égalables. A la différence du contrôle opéré par le juge, qui ne peut se faire que « *dans un cadre assez strict qui est celui du respect des règles de procédure et du raisonnement juridique* »[220], le contrôle des atteintes portées aux droits fondamentaux exercé par l'ombudsman se distingue en raison de règles simples, offrant la possibilité à l'institution « *d'utiliser au premier chef son intuition*»[221]. Salutaire, une telle absence de rigueur, outre qu'elle favorise une réactivité et une rapidité d'intervention facilitant la surveillance de l'activité de l'administration, confère à l'ombudsman une liberté d'action qui fait largement défaut au juge[222]. Liberté d'action permettant à l'institution de résoudre un pourcentage élevé de problèmes « résistibles » au juge[223] ou, pour reprendre les mots de l'ancien Médiateur de la République Paul LEGATTE, «*de régler les litiges prisonniers dans les interstices des juridictions* » [224]. Principalement quatre éléments permettent d'illustrer le propos.

En premier lieu, il n'est pas inutile de rappeler que la procédure d'instruction des requêtes adressées à l'ombudsman offre à celui-ci des perspectives d'interventions sensiblement plus importantes qu'au juge. Susceptible de réaliser des enquêtes informelles que les tribunaux ne sauraient accomplir[225], l'ombudsman, quand il est saisi d'une plainte dénonçant une violation des droits de la personne humaine, dispose de la possibilité d'entrer directement en contact avec le service et les fonctionnaires concernés afin d'entendre leurs explications et faire la lumière sur la violation alléguée[226]. La finalité première de l'instruction étant la découverte de la vérité, l'institution se trouve autorisée, comme le souligne Francisco BRUÑEN

---

[220] JARROSSON (Ch.), « Le médiateur : questions fondamentales », *op. cit.*, p. 20.
[221] *Ibid.*
[222] En ce sens, v. Á. GIL-ROBLES, « El Defensor del Pueblo y el Tribunal constitucional », *op. cit.*, p. 243.
[223] CARBALLO MARTINEZ (G.), « El Defensor del Pueblo y los limites de la competencia universal », *B.I.M.J.*, Madrid, 1995, n° 1756, p. 4994.
[224] LEGATTE (P.) et BARBE (A.), *Le principe d'équité. Défendre le citoyen face à l'administration*, *op. cit.*, p. 141.
[225] GUMERSINDO GUERRA-LIBRERO Y ARROYO, « El ombudsman o defensor del ciudadano », *op. cit.*, p. 823.
[226] En ce sens, v. P. GARANT, « Du Protecteur du citoyen québécois au Médiateur français (l'ombudsmanie en francophonie) », *op. cit.*, p. 242.

BARBERA à propos du Défenseur du Peuple[227], à recourir aux moyens de preuve qu'elle estime les plus adéquates. A cet effet, ses pouvoirs d'investigation, dont elle use avec l'intensité qu'elle juge opportune, se révèlent d'un grand secours. Qu'il s'agisse du libre accès aux documents administratifs, de la possibilité d'interroger les personnes inquiétées, ou du droit d'effectuer des vérifications sur place, l'ombudsman est susceptible de recueillir les informations nécessaires au cœur du service mis en cause. De surcroît, ne doit pas être négligé, spécialement en France, le relais que constituent les délégués territoriaux. Tissant une toile sur l'ensemble du pays, les délégués garantissent la surveillance de l'ensemble des démembrements de l'appareil administratif et, à ce titre, se révèlent particulièrement bien placés pour faire la lumière sur les violations des droits et libertés fondamentaux intervenues au sein des services administratifs locaux.

En deuxième lieu, et comme le fait très justement remarquer le professeur Charles JAROSSON, l'ombudsman « *est libre de s'affranchir de ce à quoi le juge est soumis : le principe dispositif ; il ne connaît pas l'ultra petita. [Il] sait que, parfois, l'origine du litige est ailleurs que dans les prétentions que les parties s'opposent l'une à l'autre* »[228]. Autorisé à statuer au-delà de ce qui lui est demandé, l'ombudsman peut, ainsi, s'écarter, s'il le faut, des faits exposés afin de procéder à une étude complète de l'affaire[229]. Affirmation d'autant plus vrai s'agissant de *l'human rights ombudsman* que, poursuivant une fonction de protection objective des droits fondamentaux, ce dernier ne saurait, par définition, être tenu par les termes du litige. Quoi qu'il en soit, cette liberté d'action se doit d'être saluée dès lors que le manque de clarté qui caractérise, dans bien des hypothèses, les réclamations adressées à l'ombudsman, conduit ce dernier à réaliser un travail d'identification de l'objet du litige[230], lequel ne pourrait être véritablement effectué si un excès de formalisme entourait la procédure d'examen de la recevabilité des plaintes.

En troisième lieu, l'ombudsman spécialisé dispose d'un champ de surveillance plus large que le juge pour mener à bien sa fonction de correction des atteintes portées aux droits fondamentaux. Tandis que le juge, soucieux de laisser une marge de manœuvre aux pouvoirs publics, limite parfois son contrôle à l'erreur manifeste d'appréciation, l'ombudsman, quant à lui, peut dénoncer des erreurs

---

[227] BRUÑÉN BARBERÁ (F.M.), « Artículo 18 », in A. Rovira Viñas (Dir.), *Comentarios a la ley orgánica del Defensor del Pueblo, op. cit.*, p. 474.
[228] JARROSSON (Ch.), « Le médiateur : questions fondamentales », *op. cit.*, p. 20.
[229] En ce sens, v. not. : R. PIEROT, « Le Médiateur : rival ou allié du juge adminsitratif ? », *op. cit.*, p. 695 ; P. LEGATTE et A. BARBE, *Le principe d'équité. Défendre le citoyen face à l'administration, op. cit.*, p. 47.
[230] A. REVILLARD, P.-Y. BAUDOT, V.-A. CHAPPE, Th. RIBEMONT, *La fabrique d'une légalité administrative. Sociologie du Médiateur de la République* – Rapport final, *op. cit.*, p. 90

considérées comme moins graves, c'est-à-dire n'étant pas suffisamment manifestes pour être sanctionnées par le juge, mais qui n'en demeurent pas moins préjudiciables pour les droits de la personne humaine[231]. Plus largement, l'ombudsman « *peut explorer des avenues qui sont en principe interdites au juge, soit celles des actes déraisonnables, [...], celles des pratiques administratives abusives, celles de la critique constructive des déficiences de l'administration* »[232]. A ce titre, Antonio ARADILLAS estime que l'un des champs d'activité de l'institution le plus fructueux est celui des « *espaces vides* », c'est-à-dire les hypothèses d'action de l'administration insusceptibles de recours juridictionnel, là où l'arbitraire bureaucratique peut se mouvoir en toute liberté[233].

En quatrième et dernier lieu, il convient de noter que les solutions rendues par l'ombudsman n'ont pas la valeur de précédents dont le respect s'imposerait à l'institution[234]. Parce qu'il considère qu'« *il n'y a jamais de cas identiques, dès lors que les circonstances de temps, de lieu et de fait ne coïncident jamais exactement* »[235], l'ombudsman se refuse de dégager une jurisprudence à partir des affaires qu'il est amené à résoudre. Dépourvu d'«*ambition jurisprudentielle* »[236], l'ombudsman n'est aucunement lié par ce qu'il a pu exprimer auparavant. Aussi les recommandations adressées aux responsables d'une atteinte constatée aux droits fondamentaux, de même que les propositions formulées dans le cadre d'une procédure de transaction ou de médiation, ne sont-elles pas tenues de respecter les solutions déjà dégagées par l'institution dans des situations similaires. C'est là une différence de taille par rapport au juge qui se trouve, dans une importante mesure, tenu par le précédent jurisprudentiel. Or, cette souplesse, qui caractérise une fois de

---

[231] Sur cette question, le lecteur pourra utilement se référer à : L. DIEZ BUESO, *Los Defensores del Pueblo (ombudsmen) de las Comunidades autónomas, op. cit.*, p. 125 ; D. DUARTE, « A discricionariedade administrativa e a competência (sobre a função administrativa) do Provedor de Justiça », in O Provedor de Justiça. Novos estudos, *op. cit.*, p. 33 ; D. FREITAS DO AMARAL, « Limites jurídicos, políticos e éticos da actuação do "ombudsman" », *op. cit.*, p. 31 ; J.J. GOMES CANOTILHO et VITAL MOREIRA, *Constituiçao da Republica Portuguesa anotada*, vol. I, *op. cit.*, p. 442 ; P. LEGATTE et A. BARBE, *op. cit.*, p. 114 ; D.C. ROWAT, *El ombudsman en el mundo, op. cit.*, pp. 59 et ss.

[232] GARANT (P.), « Du Protecteur du citoyen québécois au Médiateur français (l'ombudsmanie en francophonie)», *op. cit.*, p. 242.

[233] ARADILLAS (A.), *Todo sobre el Defensor del Pueblo, op. cit.*, p. 138.

[234] Cette particularité de la protection offerte par l'ombudsman a principalement été mise en avant par la doctrine française et québécoise. On songera notamment à : B. DELAUNAY, *Le Médiateur de la République, op. cit.*, pp. 98-99 ; P. GARANT, *op. cit.*, p. 243 ; P. LEGATTE, « Le Médiateur de la République. Situation actuelle », *op. cit.*, p. 434 ; P. LEGATTE et A. BARBE, *op. cit.*, p. 161.

[235] LEGATTE (P.), « L'intervention du Médiateur de la République dans le domaine de l'équité », in P. FRYDMAN (Dir.), *Justice, médiation et équité : Colloque Droit et Démocratie*, La Doc. fr., Paris, 1992, p. 16.

[236] FOULETIER (M.), *Recherches sur l'équité en droit public français, op. cit.*, p. 118.

plus l'ombudsman, se doit d'être saluée en ce qu'elle permet à l'institution d'adapter ses solutions aux spécificités de chaque litige porté à sa connaissance[237]. Certes, elle engendre un certain flou juridique pour le citoyen, mais il convient de reconnaître avec le professeur Patrice GARANT que « *la jurisprudence des tribunaux n'est véritablement connue que d'un cercle limité de spécialistes ; l'administrateur moyen et la quasi-totalité des administrés ou l'ignorent ou n'ont guère la possibilité d'en saisir la portée* »[238].

Disposant d'une liberté d'action supérieure à celle des juridictions dans le cadre de la résolution des litiges dont il est saisi, le PIC se révèle, de surcroît, en mesure de recourir plus facilement que le juge à l'équité.

2- Le dépassement du strict contrôle de légalité

C'est un fait, l'équité humanise le droit. « *Sans équité, sans transcription du juste dans les solutions de droit, celui-ci n'est plus qu'un ensemble de normes assurant l'ordre public sans aspirer à la protection fondamentale des droits et libertés, qui relève de l'essence même d'un droit public démocratique* »[239]. Cela étant, le juge n'est pas nécessairement l'institution la plus adaptée pour prendre en considération l'équité. Astreint au respect du droit positif et d'un formalisme rigoriste, ce dernier, on l'a vu, parvient à rendre une solution en droit mais ne réussit pas toujours à vider le litige, dans la mesure où il ne peut décider en opportunité[240]. Le juge n'est certes pas totalement hermétique aux considérations d'équité. Il n'en demeure pas moins que les organes juridictionnels n'usent qu'avec circonspection de cet outil de pondération et d'humanisation du droit. Ne recourant à l'équité que par le truchement de la règle de droit, ils se refusent à rendre explicitement des jugements en équité. Il s'ensuit que, en règle générale, le juge dit le droit mais ne veille pas toujours à ses répercussions pratiques. Indispensable, « *la fonction qu'il remplit [...] ne contribue pas nécessairement à régler les situations concrètes ou à répondre aux attentes légitimes des citoyens* »[241].

A l'inverse, l'ombudsman, grâce à sa capacité à agir indistinctement sur le terrain de la légalité ou de l'équité, se révèle en mesure de dépasser le strict

---

[237] *Ibid.*
[238] GARANT (P.), *op. cit.*, p. 243.
[239] FOULETIER (M.), *Recherches sur l'équité en droit public français*, *op. cit.*, p. 210.
[240] *Ibid.*
[241] AUTIN (J.-L.), « Du juge administratif aux autorités administratives indépendantes : un autre mode de régulation », *op. cit.*, p. 1218.

juridisme[242]. Evidemment, il faut se garder d'assimiler l'institution à un Salomon ou un Saint Louis des temps modernes se souciant peu de légalisme. Outre le fait que le droit conserve une place centrale dans le cadre de son activité[243], l'ombudsman ne saurait fondamentalement porter atteinte à la règle de droit. Lorsqu'il recourt à l'équité, l'objectif poursuivi n'est pas tant de contredire la loi que de contribuer à son perfectionnement en l'adaptant à la volonté du corps social et aux cas particuliers qu'elle n'a pas envisagé[244]. Il n'empêche que, par le biais de son pouvoir de recommandation, l'ombudsman peut suggérer aux pouvoirs publics de s'écarter de la lettre des textes porteurs d'iniquités. Il permet de remédier aux effets néfastes de la compétence liée, qui ne laisse aucune liberté d'appréciation à l'administration et au juge[245], en persuadant les administrateurs, à la suite de prodiges de patience[246], de prendre exceptionnellement en considération ce que le bon sens exige, sans pour autant sacrifier outre mesure les intérêts publics en cause[247]. L'activité de l'ancien

---

[242] En ce sens, v. B. MALIGNIER, *Les fonctions du Médiateur, op. cit.*, p. 171.

[243] A ce titre, Chantal CARPENTIER rappelle que *« le fait d'user de la méthode de la magistrature d'influence ne sous-entend pas obligatoirement que les organes agissent en dehors du droit, qu'ils ne raisonnent pas comme le feraient des juridictions et ne motivent pas en droit leurs décisions, recommandations, médiations, conseils ou avis divers »* (« La magistrature d'influence est-elle une institution du droit public ? », *op. cit.*, p. 150). Dans un sens similaire, le Conseiller d'Etat Guy BRAIBANT souligne, à propos du Médiateur de la République, que « *si le juge fait [...] de l'équité, à l'inverse, très souvent et très largement, le médiateur fait du droit. Les rapports du médiateur sont remplis de considérations juridiques, parfois critiques mais parfois non critiques. Le médiateur se pose d'abord la question de savoir si l'action de l'administration qui est critiquée devant lui est ou non conforme au droit. C'est une sorte de préalable. Si elle n'est pas conforme au droit et si en plus elle est inéquitable, les choses sont claires ; c'est seulement si elle est conforme au droit qu'un problème peut se poser. La question doit donc toujours être évoquée* » (« Le droit et l'équité dans la protection du citoyen à l'égard de l'administration », in Etudes en l'honneur de Leo HAMON, *Itinéraires, op. cit.*, p. 101).

[244] Sur ces questions, v. P. LEGATTE et A. BARBE, *Le principe d'équité. Défendre le citoyen face à l'administration, op. cit.*, pp. 142 et 147 ; C. SAMPAIO VENTURA, *Direitos humanos e Ombudsman, Paradigma para una instituição secular, op. cit.*, p. 127.

[245] En ce sens, v. not. : Ph. BARDIAUX, « Le modèle continental », *op. cit.*, p. 6 ; B. DELAUNAY, *Le Médiateur de la République, op. cit.*, p. 95.

[246] Sur ce point, v. Ch. « La magistrature d'influence est-elle une institution du droit public ? », *op. cit.*, pp. 148- 149.

[247] L'ombudsman se doit effectivement de faire preuve d'une grande prudence et habilité dans l'usage de l'équité. Lorsqu'il propose une solution en équité, il doit s'efforcer de tenir compte des contraintes qui pèsent sur les pouvoirs publics, des conséquences de la décision qu'il propose, tant sur le plan matériel que psychologique. En somme, il doit prendre en considération non seulement les intérêts publics en jeu, mais également la capacité de l'administration à assumer le coût financier du règlement en équité, voire la prédisposition des services concernés à accepter le règlement en équité (Sur ce point, v. spéc. : Ph. BARDIAUX, *op. cit.*, p. 6 ; B. DELAUNAY, Le Médiateur de la République, *op. cit.*, p. 98 ; M. LE CLAINCHE, « Une institution au service de l'équité. Le Médiateur de la République », *op. cit.*, p. 18 ; P. LEGATTE et A. BARBE, *op. cit.*, pp. 158 et ss.).

Médiateur de la République français offre de très nombreux exemples en ce sens[248]. On songera notamment à la recommandation adressée en 1997 à l'administration fiscale afin que celle-ci revienne sur l'imposition d'office infligée à un médecin qui, « *à la suite de graves difficultés personnelles et familiales [...], a négligé d'accomplir dans les délais ses obligations fiscales déclaratives* »[249]. Convaincu par la démonstration du Médiateur, le service des impôts a tenu compte du caractère exceptionnel du manquement pour abandonner les pénalités de retard impliquées par l'imposition d'office. Ou, encore, à la situation de Monsieur B., ouvrier terrassier victime de blessures par balles, tirées sans raison apparente par deux militaires, alors qu'il travaillait sur un chantier de l'armée française pour le compte du gouvernement général de l'Algérie. Survenu au mois de décembre 1958, l'accident donna lieu à une procédure juridictionnelle contre le gouvernement général de l'Algérie. Le jugement n'étant toujours pas rendu lorsqu'intervint l'indépendance de l'Algérie, le règlement de l'affaire fut transféré aux autorités algériennes, lesquelles laissèrent le problème sans réponse. Saisi de la question, le Médiateur de la République demanda, en 1984, au ministre des affaires étrangères d'obtenir de l'administration algérienne la prise en charge du contentieux. Face à l'échec de cette démarche, le Médiateur décida, finalement, de replacer l'affaire sur le terrain de la responsabilité de l'Etat français en démontrant que l'accident dont Monsieur B. avait été victime n'était nullement un accident de travail mais un accident causé par deux militaires placés sous l'autorité de l'administration française. Sensible à l'argumentation du Médiateur, le ministre de la défense admit le principe de la responsabilité de l'Etat et accepta de verser à l'intéressé, sur le fondement de l'équité, une indemnité de 260 000 francs[250].

Déjà identifiable s'agissant du Médiateur de la République, cette capacité de l'ombudsman à proposer un règlement des litiges sur le terrain de l'équité se trouve facilitée par l'essence même de l'institution[251]. Deux éléments en attestent.

---

[248] Il faut dire que l'équité a toujours occupé une place centrale au sein de l'activité de l'institution. A cet endroit, il convient de rappeler que l'article 9 de la loi n° 73-6 du 3 janvier 1973, tel que modifié par la loi n° 76- 1211 du 24 décembre 1976, précisait : « Lorsqu'il apparaît au Médiateur de la République, à l'occasion d'une réclamation dont il a été saisi, que l'application de dispositions législatives ou réglementaires aboutit à une iniquité, il peut recommander à l'organisme mis en cause toute solution permettant de régler en équité la situation du requérant, proposer à l'autorité compétente toutes mesures qu'il estime de nature à y remédier et suggérer les modifications qu'il lui paraît opportun d'apporter à des textes législatifs ou réglementaires ».

[249] Médiateur de la République, Rapport annuel 1997, p. 164.

[250] Affaire rapportée par P. LEGATTE et A. BARBE, *op. cit.*, p. 62.

[251] En ce sens, Edwin MATUTANO considère que « *ce mode d'intervention est sans doute approprié à une action d'influence, à une pression davantage qu'à une coercition* » (« Le Défenseur des droits », *op. cit.*, p. 13).

D'une part, la faculté dont jouit l'institution de connaître de situations échappant, en principe, au contrôle du juge. Loin de limité son contrôle aux seuls actes de l'administration, l'ombudsman supervise tout autant ses prises de position, ses attitudes, ses comportements, en somme son action[252]. Or, l'iniquité ne se cache pas seulement dans la législation. Les mécanismes et les procédures de fonctionnement des services publics induisent également des situations inéquitables[253].

D'autre part, la proximité qu'entretient l'ombudsman avec le citoyen. A la différence de la justice qui, comme le signifie le symbole de la balance qu'elle tient entre ses mains, décide parfois de façon mécanique, l'ombudsman est, par essence, davantage enclin à tenir compte des personnes auxquelles s'applique la règle de droit[254]. Il parvient à se défaire du bandeau que revêt la justice sur ses yeux pour rechercher l'individu derrière le justiciable anonyme. Aussi est-il en mesure de prendre en considération les circonstances particulières en vue de compléter[255], d'humaniser[256], de corriger ce que la règle de droit a de néfaste pour les intérêts légitimes de ses destinataires[257].

Et l'usage que fait l'ombudsman de l'équité ne se limite pas au seul cadre de la résolution des litiges individuels. Dans la mesure où l'iniquité résulte non seulement de l'application des textes, mais également de leurs lacunes[258], le recours à l'équité inspire plus largement les propositions de réformes législatives et réglementaires formulées par l'institution[259]. Par conséquent, l'ombudsman pratique aussi bien l'équité correctrice que normative[260]. En France, par exemple, l'équité a permis à l'ancien Médiateur d'obtenir de l'administration la modification des

---

[252] Sur ce point, v. R. BOUSTA, « Contribution à une définition de l'ombudsman », *op. cit.*, p. 395.

[253] En ce sens, v. P. LEGATTE et A. BARBE, *op. cit.*, p. 103.

[254] *Ibid.*, p. 130.

[255] Il s'agit alors de ce que l'on pourrait qualifier d'équité supplétive, dont la fonction consiste à combler les déficiences d'un texte (Sur ce point, v. Ch. ALBIGES, *De l'équité en droit privé*, pp. 267 et ss.).

[256] En ce sens, v. : V. FAIREN GUILLEN, *El Defensor del Pueblo – Ombudsman*, tomo I (parte general), *op. cit.*, pp. 71 et 79 ; M. PEREZ-UGENA y COROMINA, *Defensor del Pueblo y Cortes Generales*, *op. cit.*, p. 58.

[257] Pour une approche approfondie de ces trois fonctions de l'équité, le lecteur pourra utilement se référer à P. LEGATTE et A. BARBE, pp. 129-131.

[258] Le Médiateur de la République : une autorité indépendante au service des citoyens. Trentième anniversaire, 1973-2003, p. 37.

[259] En ce sens, v. J. MENERES PIMENTEL (Coord.), *A Provedoria de Justiça na Salvaguarda dos Direitos do Homem, op. cit.*, p. 12. En outre, l'article 28-2 de la loi organique du Défenseur du Peuple attribue une compétence explicite à l'institution espagnole en la matière

[260] Sur ce point, v. par ex. G. CARBALLO MARTINEZ, *La Mediación Administrativa y el Defensor del Pueblo*, *op. cit.*, pp. 382 et ss.

dispositions réglementaires relatives à l'indemnisation des agents non titulaires de l'Etat en cas de licenciement pour inaptitude physique[261]. A un système initial relativement injuste, limitant le versement de l'indemnisation aux seules hypothèses où le dommage à l'origine de l'incapacité physique était intervenu à l'occasion de l'exercice de la mission de service public, les décrets du 17 août et du 8 décembre 1998 ont substitué un système d'indemnisation automatique quelles que soient les circonstances de la survenance du dommage[262].

Or, cette compétence explicite attribuée au médiateur spécialisé en matière d'équité s'inscrit incontestablement en complémentarité de la protection offerte par le juge. Tandis que l'ombudsman « *[…] est saisi de réclamations dont l'objet peut ne pas être simplement juridique et dépasser l'interprétation de la règle de droit : en présentant une recommandation, il propose une solution qui, au-delà de la seule légalité, se fonde parfois sur ce que suggèrent l'opportunité, le bon sens ou l'équité. Le [juge] dit le droit et rend des décisions qui s'imposent avec l'autorité de la chose jugée. Les deux actions ne sont pas exclusives l'une de l'autre : elles sont complémentaires* »[263].

Reposant sur une philosophie distincte de la garantie juridictionnelle, la protection offerte par le PIC s'inscrit, en définitive, dans une perspective de complémentarité de l'action du juge puisque, outre que l'ombudsman ne se limite pas à la seule sanction des atteintes portées aux droits fondamentaux, lorsqu'il intervient sur ce terrain, son contrôle repose sur des modalités d'exercice sensiblement différentes de celui opéré par le juge. L'aptitude du PIC à pallier l'insuffisance de la garantie juridictionnelle se manifeste en dernier lieu sur le terrain des effets de la protection proposée.

---

[261] Rapporté par M. FOULETIER, *Recherches sur l'équité en droit public français*, *op. cit.*, p. 121.

[262] Décret n° 98-725 du 17 août 1998 modifiant le décret n° 91-155 du 6 février 1991 relatif aux dispositions générales applicables aux agents contractuels des établissements mentionnés à l'article 2 de la loi n° 86-33 du 9 janvier 1986 modifiée portant dispositions statutaires relatives à la fonction publique hospitalière, J.O. du 22 août 1998, p. 12824 ; Décret n° 98-1106 du 8 décembre 1998 relatif à la protection sociale des fonctionnaires et des agents non titulaires de la fonction publique territoriale, J.O. du 9 décembre 1998, p. 18533.

[263] Le Médiateur de la République : une autorité indépendante au service des citoyens. Trentième anniversaire, 1973-2003, *op. cit.*, p. 33.

B- Une garantie plus étendue que celle du juge administratif

De portée essentiellement corrective, le contrôle opéré par le juge présente deux limites de tailles : d'une part, son incapacité à prévenir les atteintes portées aux droits fondamentaux, d'autre part, sa difficulté à assurer la concrétisation des normes de droits fondamentaux dont l'effectivité est soumise à l'*interpositio legislatoris*, en tête desquels se placent les droits-créances. Face à de telles insuffisances, le PIC se révèle en mesure d'apporter des solutions intéressantes. Loin de limiter son activité à la résolution des litiges individuels et, par conséquent, à la correction des atteintes portées aux droits fondamentaux[264], ce dernier est également susceptible d'agir en profondeur sur le système normatif des droits et libertés. Incarnant « *la dialectique entre intérêt individuel et général* »[265], cette capacité à dépasser la seule fonction corrective des atteintes portées aux droits fondamentaux est, bien entendue, intimement liée à l'essence même de l'institution. Poursuivant une mission de défense objective des droits et libertés, l'ombudsman ne saurait voir son périmètre d'action réduit au seul traitement des réclamations qui lui sont adressées. L'évaluation critique de la législation, tout autant que le règlement amiable des litiges d'ordre individuel ou collectif, relève de la mission de l'institution[266]. Evidemment, ces deux modes d'action s'avèrent étroitement liés[267]. La résolution des litiges individuels ou collectifs conduisant l'ombudsman, par le biais d'un processus d'objectivisation des plaintes qui lui sont adressées[268], à tirer des enseignements généraux sur l'« *état de santé* » des droits et libertés.

Quoi qu'il en soit, il relève de l'office de l'institution de pointer du doigt les dangers, les carences et les contradictions que le système et l'ordonnancement

---

[264] Dès lors que les réclamations adressées par les citoyens à l'ombudsman spécialisé ont généralement pour objet la dénonciation d'atteintes portées aux droits fondamentaux, un lien étroit peut effectivement être établi entre la résolution des litiges individuels et la fonction curative prise en charge par l'institution.

[265] BOUSTA (R.), « Contribution à une définition de l'ombudsman », *op. cit.*, p. 396. Dans un sens identique, v. M. GARCIA ÁLVAREZ et R. GARCIA LOPEZ, « El papel de los defensores del pueblo como impulsores de la modificación del ordenamiento jurídico : une garantía de desarollo del Estado social », in *Teoría y Realidad Constitucional, El Defensor del Pueblo*, *op. cit.*, pp. 162 et 163 ; V. Moore, « Peut-on évaluer le rôle des ombudsmans ? », *op. cit.*, p. 627.

[266] NASCIMENTO RODRIGUES (H.), « Prefácio » a C. SAMPAIO VENTURA, *Direitos humanos e Ombudsman, Paradigma para una instituição secular, op. cit.*, p. 8.

[267] Sur ce point, v. not. : R. BOUSTA, *op. cit.*, p. 396 ; M. FOULETIER, *Recherches sur l'équité en droit public français*, *op. cit.*, p. 120 ; Á. GIL ROBLES, « Aperçu sur l'institution espagnole du Défenseur du Peuple », *op. cit.*, p. 89 ; Le Médiateur de la République : une autorité indépendante au service des citoyens. Trentième anniversaire, 1973-2003, *op. cit.*, p. 44 ; R. SENGHOR, « Les grands chantiers du Défenseur des droits », *op. cit.*, p. 513.

[268] En ce sens, v. F. ASTARLOA VILLENA, *El Defensor del Pueblo en España*, *op. cit.*, p. 81.

juridique produisent ou autorisent. Faisant ainsi écho aux préconisations de Clinias[269], personnage mis en scène par PLATON à travers son dernier dialogue, *Les lois*, l'ombudsman se propose d'adopter une posture critique vis-à-vis de l'activité des autorités normatives afin de dénoncer chaque point qui se révèle défectueux, inadapté, perfectible[270]. Facilité par la palette des modes d'intervention de l'institution, qui lui permet de jouer sur plusieurs registres[271], ce dépassement de la seule fonction corrective des atteintes portées aux droits fondamentaux s'exprime sur le triple terrain de la prévention des menaces pesant sur les droits fondamentaux (**1**), de l'encouragement de la concrétisation des normes de droits fondamentaux (**2**).

1- La faculté de prévenir les atteintes portées aux droits des citoyens

« *L'action préventive, visant par exemple à traiter à la source les menaces qui pèsent sur les droits et libertés, est encore la meilleure garantie d'effectivité ! Encore faut-il qu'elle soit possible* »[272]. Pour ainsi dire hors de portée du juge, cette modalité de protection des droits fondamentaux, saluée par le professeur Jean-Louis AUTIN, est, en revanche, susceptible d'être prise en charge par l'ombudsman[273]. En effet, outre que la rapidité d'action de l'institution lui permet d'intervenir avant que l'atteinte portée aux droits et libertés ne soit définitivement consommée, l'ombudsman, ne serait-ce que par sa présence, se révèle en mesure de dissuader les pouvoirs publics d'agir en contrariété avec les droits de la personne humaine. Le simple fait pour l'administration de savoir que les administrés disposent d'une voie de recours facile d'accès l'oblige à orienter sa conduite en conformité avec ce que

---

[269] En opposition avec l'Athénien au sujet des finalités poursuivies par le législateur, Clinias préconise à ce dernier : « Ne te retiens donc vraiment pas d'incriminer nos lois ; car il n'y a rien de déshonorant à reconnaître que quelque chose est un mal ; il arrive au contraire qu'une guérison s'ensuive, pour qui accueille ce qu'on lui dit non pas dans un esprit de dénigrement, mais avec bienveillance » (Platon, Les lois, éd. établie par A. CASTELBOUCHOUCHI, Folio Essais, Gallimard, 1997, p. 111).

[270] Sur ces questions, v. Á. GIL-ROBLES, *El Defensor del Pueblo*, *op. cit.*, pp. 86-87.

[271] MATUTANO (E.), « Le Défenseur des droits », *Jurisclasseur administratif*, fasc. n° 77, décembre 2011, p. 2.

[272] AUTIN (J.-L.), « Du juge administratif aux autorités administratives indépendantes : un autre mode de régulation », *op. cit.*, pp. 1219-1220.

[273] A ce titre, AMANDA DEZALLAI ne manque pas de faire remarquer que « le pouvoir de prévention est un des avantages du Défenseur par rapport au juge administratif » (« Une action collective en matière de droits fondamentaux devant le juge administratif ou devant le Défenseur des droits ? », *op. cit.*, p. 932).

prescrivent les normes de droits fondamentaux[274]. Sans oublier la crainte éprouvée par les débiteurs des droits fondamentaux de voir leur nom figurer dans les rapports d'activité ou les rapports spéciaux publiés par l'institution. L'apparence occupant une place centrale au sein des sociétés médiatiques contemporaines[275], les institutions publiques, les entreprises privées mais, également, les individus prennent soin de se présenter aux autres revêtus d'une bonne image. Telle une épée de Damoclès, la faculté de l'ombudsman de rendre publique l'identité des fonctionnaires fautifs constitue, par conséquent, un facteur hautement dissuasif conduisant les débiteurs à modifier leurs comportements dans un sens favorable au respect des droits et libertés[276].

Surtout, l'ombudsman dispose des moyens de développer, de sa propre initiative, une politique de prévention des menaces pesant sur les droits et libertés. Mise en évidence par la doctrine ibérique[277], cette faculté d'intervention en amont de la violation des droits fondamentaux, explicitement consacrée par l'article 23-1 de la Constitution portugaise de 1976[278], est rendue possible en raison de deux facteurs cumulatifs : d'une part, la position privilégiée dont bénéficie l'ombudsman pour détecter les menaces qui pèsent sur les droits et libertés et, d'autre part, la capacité de l'institution d'empêcher la réalisation de ces menaces, spécialement par le recours à son pouvoir de recommandation.

Une vertu de détection des menaces pesant sur les droits fondamentaux. Observateur privilégié de l'ordonnancement juridique, le PIC peut se prévaloir d'un statut particulièrement adapté à l'identification des menaces pesant sur les droits fondamentaux. En pratique, principalement deux procédés lui permettent d'accomplir cette tâche : l'analyse systémique des plaintes qui lui sont adressées et

---

[274] En ce sens, v. M. RUIZ CEZAR, « El papel del Defensor del Pueblo en la protección y tutela de les derechos de los ciudadanos », *op. cit.*, p. 2479.

[275] ROSANVALLON (P.) écrit à ce sujet : « *le regard d'autrui est devenu la puissance commandante. Il y a une même vision des effets destructeurs du discrédit, une même obsession d'éviter le blâme et la honte, dans les relations entre individus comme entre les nations* » (*La contre-démocratie*, Editions du Seuil, 2006, pp. 54-55).

[276] Sur ces questions, v. A.-E. PEREZ LUÑO, *Nuevos retos del Estado constitucional : valores, derechos, garantías*, *op. cit.*, p. 137.

[277] Sur ce point, v. spéc. : H. NASCIMENTO RODRIGUES, « A funçao preventiva, personalizadora e inovadora do Provedor de Justiça », in *Democracia e direitos humanos* no Séc. XXI, *op. cit.*, p. 69 ; R. RIBO, « A função do ombudsman : prevenção e reparação das acções ou omissões ilegais dos poderes públicos face aos cidadãos. A prevenção e reparação de injustiças », in *Provedor de Justiça. O garante dos direitos fundamentais, Provedoria de Justiça, Divisão de Documentação*, Lisboa, 2010, p. 49.

[278] Aux termes de cette disposition, le Provedor de Justiça, tel que souligné précédemment, « *examine les réclamations et adresse aux organes compétents les recommandations nécessaires pour prévenir et réparer les injustices* ».

les visites d'inspection au sein des entités soumises à son contrôle. Jouissant d'une position privilégiée afin de détecter les menaces pesant sur les droits fondamentaux, le PIC se révèle, de surcroît, en mesure d'empêcher la concrétisation de ces menaces.

Quel que soit le moyen par lequel l'ombudsman parvient à identifier les menaces pesant sur les droits fondamentaux, la technique pour empêcher leur réalisation est toujours la même. Elle consiste à adresser des recommandations aux principaux responsables afin que ces derniers prennent les mesures de nature à en supprimer les causes[279]. Recommandations dont la teneur varie sensiblement selon que la menace constatée trouve sa source dans une disposition normative ou dans le dysfonctionnement d'un service, administratif ou autre. Dans la première hypothèse, elles prendront la forme d'une suggestion de réforme législative ou règlementaire visant à ce que les autorités normatives purgent l'ordonnancement juridique de la règle de droit potentiellement attentatoire aux droits de la personne humaine. Dans la seconde hypothèse, elles consisteront à proposer au service défectueux des solutions de nature à améliorer ses modalités de fonctionnement.

2- La faculté de moderniser les normes en matière de droits et libertés

Parce que « *toutes les sociétés, même les plus progressistes, courent en permanence le danger de vivre dans la médiocrité et de s'endormir sur leurs lauriers* » [280], le renouvellement des droits fondamentaux et leur adaptation aux évolutions des mentalités se présente comme une condition indispensable à la pérennité de l'Etat de droit. Dans la mesure où « *le droit est un organisme vivant lorsque la réalité change, le droit doit lui aussi changer* »[281]. Or, le juge, pour ne pas être insensible à cette exigence de modernisation du système normatif des droits fondamentaux[282], peut, parfois, faire preuve d'un certain conservatisme. Potentiellement hermétique à « *l'air du temps* », le juge n'est pas toujours à même d'intégrer dans sa jurisprudence les évolutions pourtant nécessaires à l'épanouissement des droits et libertés.

---

[279] En ce sens, v. : B. DELAUNAY, *Le Médiateur de la République*, *op. cit.*, p. 36 ; *Le Médiateur de la République : une autorité indépendante au service des citoyens.* Trentième anniversaire, 1973-2003, *op. cit.*, p. 44.

[280] GINER DE GRADO (C.), *El Defensor del Pueblo en la teoría y en la práctica*, *op. cit.*, p. 51.

[281] BARAK (A.), « L'exercice de la fonction jurisprudentielle vu par un juge, le rôle de la Cour suprême dans une démocratie », *R.F.D.C.*, 2006, p. 231.

[282] On en veut pour preuve le mouvement jurisprudentiel, précédemment identifié, d'enrichissement régulier du catalogue des droits et fondamentaux en France et au sein de la péninsule ibérique.

A l'inverse, l'ombudsman se montre, par essence, davantage perméable aux évolutions sociétales. Comme le souligne Catarina SAMPAIO VENTURA, son importante plasticité institutionnelle et fonctionnelle lui offre une capacité, difficilement égalable, d'adaptation aux métamorphoses de la réalité sociale[283]. Naturellement enclin à promouvoir l'adaptation du droit positif aux transformations de la société et des mentalités, l'institution apparaît en mesure d'œuvrer en faveur d'une actualisation permanente du système normatif des droits fondamentaux et, par là-même, de répondre aux aspirations individuelles et collectives des particuliers[284].

Mise en évidence par la doctrine[285], cette vertu de modernisation des normes de droits fondamentaux trouve, au Cameroun, un appui solide à travers les dispositions législatives intéressant le PIC. Ainsi, l'article 4 alinéa 2 du décret n°2020/773 stipule que « *Il (Public independent conciliator) peut, en outre, proposer au président de la République des modifications législatives et réglementaires, en vue de l'amélioration de la qualité des services régionaux et communaux* ». D'ailleurs, à l'exemple de la plupart des Médiateurs africains[286], la mission de promotion de réformes permet au *Public independent conciliator* de formuler toutes propositions de législation ou de réglementation visant à améliorer le fonctionnement des services régionaux ou communaux mis en cause. Ainsi, en vue de remédier à des situations préjudiciables constatées à l'occasion de ses interventions et pour éviter leur répétition ou parer à des situations analogues, le *Public independent conciliator* peut attirer l'attention du président de la République sur les réformes législatives et réglementaires qu'il juge nécessaires, conformes et utiles dans l'intérêt de la relation entre les administrés et les administrations régionales et communales.

Fort d'une telle légitimité, l'ombudsman spécialisé dispose, par ailleurs et surtout, des facultés nécessaires à la prise en charge de la fonction d'adaptation du

---

283 SAMPAIO VENTURA (C.), *op. cit.*, p. 190.

284 PEREZ LUÑO (A.-E.), *Nuevos retos del Estado constitucional : valores, derechos, garantías*, *op. cit.*, p. 137.

285 En ce sens, v. par ex. : A. DEZALLAI, « Une action collective en matière de droits fondamentaux devant le juge administratif ou devant le Défenseur des droits ? », *op. cit.*, p. 932 ; C. GINER DE GRADO, *op. cit.*, p. 51 ; P. LEGATTE, « Le Médiateur de la République. Situation actuelle », *op. cit.*, p. 434 ; C. SAMPAIO VENTURA, *Direitos humanos e Ombudsman, Paradigma para una instituição secular*, *op. cit.*, p. 127.

286 L'article 8 alinéa 2 de la loi n°91-14 du 11 février 1991 instituant le Médiateur de la République au Sénégal dispose que le Médiateur « *peut proposer à l'autorité compétente toutes les mesures qu'il estime de nature à y remédier et suggérer les modifications qu'il lui paraît opportun d'apporter à ces dispositions* ». Voir aussi l'article 19 de la loi n°51 du 21 août 1999 et ses services organisés par le décret n°2000-149/PRE du 11 juin 2000 (Djibouti) ; l'article 27 de la loi n°17/008 du 15 février 2017 instituant le Conseil national de la médiation (RCA) ; l'article 5 de la loi n°9-98 du 31 octobre 1998 portant institution, attributions et fonctionnement du Médiateur (République du Congo).

droit à l'évolution du temps[287] et « *aux exigences d'une société en mutation* »[288]. Plusieurs facteurs en témoignent. Proche de la société civile, l'ombudsman peut, tout d'abord, se prévaloir d'une position privilégiée afin d'identifier les aspirations et les attentes contemporaines des citoyens[289]. La relation de proximité qu'il entretient avec ces derniers, associée à son importante réactivité, lui offre la possibilité de suivre au plus près les évolutions sociétale et, en conséquence, de détecter l'obsolescence des normes juridiques intéressant les droits et libertés. Les rapports annuels d'activité de l'institution, véritables « *radiographies sociales* »[290] de l'Etat, constituent, à ce titre, un instrument incontournable. Pour reprendre les mots du professeur Antonio-Enrique PEREZ LUÑO[291], ils permettent d'effectuer un « *test d'efficacité* » du système constitutionnel des droits et libertés, c'est-à-dire de déterminer son adéquation aux exigences des époques nouvelles et à la réalité de la société.

La faculté dont jouit l'institution d'adresser des recommandations, ensuite, participe, également, de cette entreprise de modernisation des droits et libertés. Car, sans être législateur, l'ombudsman est, sans nul doute, à même de promouvoir de profonds changements au sein de l'ordonnancement juridique[292], soit en retenant, dans le cadre de ses observations, une interprétation des normes de droits fondamentaux plus conforme à la réalité, soit en suggérant aux autorités normatives d'adapter le droit positif aux évolutions des mentalités et aux attentes des citoyens. Susceptible de dépasser le manque d'imagination qui caractérise parfois le droit[293], l'ombudsman, par le biais de son pouvoir de recommandation, peut, par exemple, mettre « *[…] en exergue les aberrations auxquelles conduit le maintien de textes désuets, dépassés en raison de la disparition des circonstances qui avaient pu, éventuellement, en constituer le bien-fondé lors de leur édiction* »[294]. Ce n'est rien d'autre que décrit le professeur MARIA PEREZ-UGENA y COROMINA lorsqu'elle affirme que « *la fonction primordiale de la recommandation est de promouvoir le changement normatif afin d'éviter l'application de normes devenues*

---

[287] ROVIRA VIÑAS (A.), « Introducción », *op. cit.*, p. 34.
[288] ROBERT (J.) ET DUFFAR (J.), *Droits de l'homme et libertés fondamentales*, Montchrestien, Domat droit public, Paris, 8ème éd., 2009, p.169.
[289] Sur ce point, v. G. ESCOBAR ROCA, « Interpretación y garantía de los derechos fundamentales por el Defensor del Pueblo », *op. cit.*, p. 232.
[290] PEREZ LUÑO (A.-E.), *op. cit.*, p. 137 .
[291] Ibid.
[292] En ce sens, v. not. : C. GINER DE GRADO, *op. cit.*, p. 51 ; D.C. ROWAT, EL OMBUDSMAN EN EL MUNDO, *op. cit.*, p. 168.
[293] En ce sens, v. A. ROVIRA VIÑAS, *op. cit.*, p. 34
[294] GEORGEL (J.) et MATUTANO (E.), « Médiateur de la République », *op. cit.*, p. 16.

obsolètes au regard de la réalité vivante de la société »[295]. Une illustration en ce sens est donnée par le rapport d'activité du Défenseur du Peuple pour l'année 2000, qui fait effectivement mention d'une suggestion adressée au conseil municipal de Majadahonda afin que ce dernier constate la caducité de la procédure d'infraction aux règles de l'urbanisme engagée à l'encontre d'œuvres illégales[296].

[295] PEREZ-UGENA (M.) y COROMINA, *Defensor del Pueblo y Cortes Generales*, *op. cit.*, p. 122. Dans le même sens, v. J. RUIZ-GIMENEZ CORTES, « El Defensor del Pueblo como institución constitucional, como problema y como utopia », *op. cit.*, p. 320.

[296] *Defensor del Pueblo*, Informe anual 2000 y debates en las Cortes Generales, p. 422.

CONCLUSION

Puisant sa raison d'être actuelle au Cameroun à travers l'insuffisance des traditionnels mécanismes de protection des droits et libertés, le *Public independent conciliator* (PIC) s'illustre en raison d'une configuration institutionnelle spécialement aménagée pour la protection des droits fondamentaux des citoyens. Qu'il s'agisse de sa fonction, de son statut ou de ses modalités d'intervention, l'ombudsman camerounais, en dépit des disparités existantes entre le modèle français et le modèle britannique, se présente, en effet, comme une autorité non juridictionnelle poursuivant une mission privilégiée de défense des droits et libertés dans le droit administratif camerounais. Ses modes de règlement des litiges administratifs présentent un contenu en apparence très hétérogène. Sous cette appellation, sont regroupées des techniques issues de différents domaines juridiques : la conciliation, d'origine privatiste ; la médiation, qui puise ses racines dans le droit des gens ; et enfin le recours administratif, mode non juridictionnel de résolution des conflits propre au droit public.

En dépit de leurs origines diverses, la conciliation, la médiation et le recours administratif présentent toutefois des caractères communs qui justifient leur rassemblement sous une même notion. Ces trois mécanismes constituent en effet des techniques permettant au *Public independent conciliator* de faire émerger une solution fondée en droit, en équité ou en opportunité qui sera acceptée par les parties. C'est d'ailleurs parce qu'ils constituent tous les trois des moyens de résoudre pacifiquement les différends par le *Public independent conciliator* que ces procédés ont fait l'objet d'une analyse particulière dans la première partie.

Or, en tant que cette forme de protection procède d'une philosophie distincte de celle offerte par les traditionnelles voies de recours, spécialement juridictionnelles, l'ombudsman camerounais se révèle en mesure de favoriser l'émergence d'un système institutionnel de garantie des droits fondamentaux complet. Loin de faire double emploi avec les mécanismes classiques de garantie, le PIC se révèle, au contraire, porteur d'une véritable valeur ajoutée et, à ce titre, susceptible de répondre à des besoins que ces derniers ne parviennent pas à satisfaire. Bien entendu, le PIC ne saurait remédier à l'ensemble des lacunes affectant le système administratif de garantie, pas plus, d'ailleurs, qu'il ne saurait se substituer aux traditionnelles voies de recours. En outre, l'apport du PIC au droit administratif camerounais en matière de règlement non juridictionnel des litiges a pu être démontré dans la deuxième partie.

En définitive, Il y'a lieu de retenir que la capacité de l'ombudsman, d'une part, à pallier l'insuffisance des mécanismes classiques de garantie, d'autre part, à collaborer avec les autres organes de défense des droits et libertés lui permet d'inscrire son action en complémentarité de celle des traditionnelles voies de recours en droit administratif.

BIBLIOGRAPHIE

1- OUVRAGES

- **ALLAND (D.)** et **RIALS (S.)** (Dir.), *Dictionnaire de la culture juridique*, Lamy-P.U.F., Paris, 2003.
- **ARADILLAS (A.),** *Todo sobre el Defensor del Pueblo*, Plaza & Janes Editores, S.A., Barcelona, 1985.
- **ARNAUD (A.-J.)** (Dir.), *Dictionnaire encyclopédique de théorie et de sociologie du droit*, L.G.D.J., Paris, 2ème éd. refondue, 1993.
- **ASTARLOA VILLENA (F.),** *El Defensor del Pueblo en España*, Ensayos Juridicos, Universitat de les Illes Balears, 1994.
- **AUBY (J.-M.)**, *Traité de Science administrative*, Mouton, Paris, 1968.
- **BRAIBANT (G.), QUESTIAUX (N.), WIENER (C.),** *Le contrôle de l'administration et la protection des citoyens. Etude comparative*, Editions Cujas, Paris, 1973.
- **BREWER-CARIAS (A.R.),** *Les principes de la procédure administrative non contentieuse. Etudes de droit comparé (France, Espagne, Amérique Latine)*, Economica, coll. Science et droit administratifs, Paris, 1992.
- **BURDEAU (G.),**

  – *Les libertés publiques*, L.G.D.J., Paris, 1972

  – *Traité de science politique*, tome V, Les Régimes politiques, L.G.D.J., Paris, 3ème éd., 1985.
- **CARBALLO ARMAS (P.),** *El Defensor del Pueblo. El ombudsman en España y en el derecho comparado*, Tecnos, Madrid, 2003.
- **DELEVOYE (J.-P.),** *Le guide du bon sens ou comment rapprocher les citoyens et l'administration*, Le cherche midi, coll. Documents, Paris, 2005.
- **Eduarda Ferraz (M.),** *O Provedor de Justiça na defesa da Constituição, Provedoria de Justiça*, Divisão de Documentação, 2008.
- **GINER DE GRADO (C.),**

  – *El Defensor del Pueblo en la teoría y en la práctica, Editorial Popular*, coll. "Papel de prueba" 23, Madrid, 1986,

  – *Los ombudsmen europeos, Defensor del Pueblo*, Tibidabo Edicions, S.A., coll. Europa, Barcelona, 1986.
- **IRAIZOZ (M.),** *La eficacia del Defensor del Pueblo como instituciones nacionales de derechos humanos*, Dykinson, S.L., Madrid, 2012.
- **KARAGIANNIS (S.) et PETIT (Y.),** *Le Médiateur européen : bilan et perspectives*, Bruylant, 2008.

- **LEGATTE (P.) et BARBE (V.),** *Le principe d'équité. Défendre le citoyen face à l'administration*, Presses de la renaissance, Paris, 1992.
- **MEDIATEUR DE LA REPUBLIQUE**, *Le Médiateur de la République : une autorité indépendante au service des citoyens.* Trentième anniversaire, 1973-2003, La Doc. fr., Paris, 2003.
- **MORA (A.)**, *El libro del Defensor del Pueblo, Defensor del Pueblo*, Madrid, 2003.
- **NAPIONE (G.),** *L'ombudsman. Il controllore della pubblica amministrazione*, Giuffré, Milano, 1969.
- **REIF (L.),** *The Ombudsman, Good Governance and the International Human Rights System*, Leiden, Boston, Martinus Nijhoff, International Studies in Human Rights, vol. 79, 2004.
- **REVILLARD (A.), BAUDOT (P.-Y.), CHAPPE (V.-A.), RIBEMONT (TH.),** *La fabrique d'une légalité administrative. Sociologie du Médiateur de la République – Rapport final, Mission de recherche Droit et Justice*, CERAL, Université Paris 13, 2011.
- **ROWAT (D.C.)**,
  – *El ombudsman en el mundo*, trad. C. Giner de Grado, Teide, Barcelona, 1990
  – *The Ombudsman, citizen's defender*, Allen and Unwin, 1968, p. 82.
- **TOURNEPICHE (A.-M.) et MARGUENAUD (J.-P.)** (Dir), *La médiation : aspects transversaux*, Litec, Colloques et débats, vol. 30, 2010.

2- THESES ET MEMOIRES

- **ALBIGES (CH.),** *De l'équité en droit privé*, L.G.D.J., bibliothèque de droit privé, Paris, 2000.
- **CARBALLO MARTINEZ (G.)**, *La Mediación Administrativa y el Defensor del Pueblo*, Thomson, Aranzadi, 2008.
- **CORCHETE MARTIN (M.J.),** *El Defensor del Pueblo y la protección de los derechos*, Ediciones Universidad de Salamanca, 2001.
- **DELAUNAY (B.),** *L'amélioration des rapports entre l'administration et les administrés. Contribution à l'étude des réformes administratives entreprises depuis 1945*, L.G.D.J., Paris, 1993.
- **GELBLAT (A.),** *Le Défenseur des droits. Contre-pouvoir ou alibi ?*, Mémoire de Master 1, Université Paris Ouest Nanterre La Défense, 2009.
- **GILLET (S.),** *Le Médiateur de la République : inventions et formalisations*, th. dactylographiée, Université Paris I, 1994.

- **LEDUC (B.)**, *Le Médiateur: un ombudsman français ?*, Mémoire de Diplôme d'étude approfondie de droit public, U.P.P.A., Pau, 1982.
- **LEGRAND (A.),** L'Ombudsman Scandinave. Etudes comparées sur le contrôle de l'administration, L.G.D.J., Paris, 1970.
- **LÖHRER (D.),** *La protection non juridictionnelle des droits fondamentaux en droit constitutionnel comparé : L'exemple de l'ombudsman spécialisé portugais, espagnol et français*, Droit. Université de Pau et des pays de l'Adour, 2013.
- **VRIGNAUD (M.),** *Les modes non juridictionnels de règlement des litiges administratifs*, Thèse de Doctorat, Université de Nantes, 2016, p. 4.

3- ARTICLES DE DOCTRINE

- **AGUIAR DE LUQUE (L.),**
  -« El Defensor del Pueblo como gestor de casos sanitarios y sociales », Políticas sociales en Europa, 2009, n° 25-26.
  -« El Defensor del Pueblo y la protección del derecho a la seguridad social », Las Cortes Generales, vol. I, Instituto de Estudios Fiscales, Madrid, 1987.
  -« La perspectiva de los profesionales y usuarios del sistema », in Jornadas Décimo Aniversario del Consejo Interterritorial del Sistema Nacional de Salud. La coordinación en el ámbito sanitario. Perspectivas de futuro, Ministerio de Sanidad y Consumo, Madrid, 1998.
- **AGUILAR FERNANDEZ-HONTORIA J.,** « A propósito del Defensor del Pueblo : los rasgos definidores de la posición jurídica de los órganos auxiliares », *R.A.P.*, 1986, n° 109.
- **AZNAR LOPEZ (M.),**
  - « Defensor del Pueblo », in M. Aragón Reyez (Dir.), Temas básicas de Derecho constitucional, tomo III, Civitas, Madrid, 2001.
  - « El Tribunal constitucional y la funcion legislativa. El control del procedimiento legislativo y de la inconsticionalidad por omision », Revista de derecho político, 1987.
- **BOUMAKANI (B.),** « La médiation dans la vie administrative », *RDP*, n°3, 2003.
- **CHEVALLIER (J.),** « De l'administration démocratique à la démocratie administrative », Revue française d'administration publique, 2011/1-2, pp. 217-227.
- **FERMOSE (J.),** « Le Public Independent Conciliator en Droit Camerounais », Revue Camerounaise d'Administration Publique, 2023.

- **FOUMENA (G. Th.),** « Le droit administratif camerounais ''postcolonial'' en rupture avec le modèle français inspirateur », *Les Annales de Droit*, n°14, 2020.
- **GESUALDI-FECTEAU (D.), VISOTZKY-CHARLEBOIS (M.), CLOUET (J.), LECLERC (C.) et MORIN-AUBUT (A.),** « Le recours aux modes alternatifs de règlement des conflits : une exploration au prisme d'une analyse des coûts humains et financiers de la justice », *Revue Canadienne Droit et Société*, 2024, pp. 1–22.
- **JARROSSON (C.),** « Médiation et conciliation, définition et statut juridique », *Gaz.Pal.*, 1996.
- **LYON-CAEN (A.),** « Les modes alternatifs de règlement des litiges en droit administratif », *RIDC*, 1997.
- **MAQUET (J.),** « les modes non juridictionnels de règlement des conflits », in *« Faire justice » dans le diocèse de Liège au Moyen âge (VIIIe –XIIe siècle) : Essai de droit judiciaire reconstitué, Presses universitaires de Liège*, 2008, pp. 525-542.

4- TEXTES REGLEMENTAIRES ET LOIS

- Décret n°2020/773 du 24 décembre 2020 déterminant les modalités d'exercice des fonctions de *Public independent conciliator* auprès des Régions du Nord-ouest et du Sud-ouest.
- Loi N°2019/024 du 24 décembre 2019 portant Code général des collectivités territoriales décentralisées.
- Loi n° 2000-321 du 12 avril 2000 *relative aux droits des citoyens dans leurs relations avec les administrations*, JORF, 13 avril 2000.